JN155413

グローバル・エコノミーの論点

世界経済の変化を読む

馬田啓一・小野田欣也・西　孝
［編著］

文眞堂

はしがき

グローバル化に対する逆風が欧米で吹き荒れている。2016年6月，英国は国民投票で英国のEU離脱（Brexit）を決めた。大量の移民・難民の流入によって生活が悪化したとの不満が一気に爆発し，ヒト，モノ，カネの国境を越えた移動を自由にさせるEUのグローバル化路線を否定したのである。勢いづく反EUの動きによって，EUはいま分裂の危機に直面している。

反グローバル化の動きは米国でも強くなっている。2016年11月の米大統領選では大方の予想を覆して，共和党候補のトランプ氏が勝利した。「米国第一」を唱え，保護主義に傾き，伝統的な共和党とは真逆といわれた選挙中の過激な発言は，トランプ旋風を巻き起こした。米国ではグローバル化の恩恵に与ることができないプア・ホワイトが急増し，彼らの不満がトランプ氏への大きな支持につながった。

グローバル化の潮目が変わる兆候なのだろうか。欧米で反グローバリズムとナショナリズムが高まり，保護主義が拡がっているのは憂慮すべき事態である。保護主義への傾斜は，世界経済にとって深刻なリスクだ。保護主義が高まっている背景には，2008年のリーマン・ショック後の世界経済の長期停滞がある。経済が停滞すると小さいパイの取り分を守ろうと保護主義に陥り，世界経済は「長期停滞の罠」にはまってしまう。どうすればこの罠から抜け出られるのか。主要国は，金融緩和の強化で景気をかろうじて下支えているが，もはや限界に達している。

世界経済の活性化には，構造改革を促す自由貿易の拡大が不可欠である。だが，欧米を中心とした保護主義の高まりはなかなかそう簡単には止みそうもない。今回の米大統領選で自由貿易はすっかり悪役になってしまった。ポピュリズム（大衆迎合主義）が台頭し，選挙に勝つためには何を言っても構わないというような風潮は非常に危険だ。自由貿易への批判が繰り返された米大統領選の後遺症は容易には癒えないだろう。

内向き志向が強まるとみられるトランプ新政権の対外政策については，期待よりも不安が高まっている。世界経済の新たな秩序がどう構築されていくのか，今後の見通しが非常に不透明となった。

新政権は，東アジアで起きている新たな現実を直視する必要がある。中国の台頭という新たな地政学的リスクに対応しなければならない。対応がまずければ，米国は東アジアから締め出されてしまうだろう。TPPは，アジア太平洋における米国の指導力を示す最も重要な試金石の一つであるはずだ。しかし，選挙中にTPP離脱を言明していたトランプ氏が勝ったことで，今やTPPは風前の灯となっている。

中国がアジアの覇権国として米国に取って代わろうと積極的に動いているだけに，TPPが発効しなければ，米国は自ら「墓穴を掘る」ことになろう。中国が肩入れするRCEPがアジア太平洋の新たな通商秩序の軸となるからだ。RCEPは，TPPよりずっとレベルの低い貿易協定である。RCEPに米国は参加していない。TPPの頓挫は，アジアでの影響力の拡大を狙う中国の思う壺である。

日本も対岸の火事では済まない。安倍政権の成長戦略にとって，TPPはアジア太平洋の成長力を取り込む重要な柱と位置づけられている。米新政権がTPPから離脱すれば，日本は梯子を外される結果となってしまう。日本のこれまでのFTA戦略も，TPPをテコにRCEP，日中韓FTA，日EUのFTAを進めてきた。TPPという支柱を失えば，その痛手は大きい。

このように，反グローバル化と低成長に直面する世界経済は，いま重大な岐路に立たされ大きく揺らいでいるといえよう。この世界経済の変化をどう読み解くか。本書では，グローバル・エコノミーの最新かつ重要な問題について，その現状と課題，展望などを考察した。3部16章から構成される本書の論点は，大きく三つに分かれる。

第一に，先行きに不透明感が漂う世界経済の様々な不安要素を取り上げ，その対応について考えた。中国の減速や原油安，反グローバル化の動きなど，様々なリスクが重なり，世界経済が直面する課題の解決は容易でない。G20，EU，国連，WTOなどの枠組みは，果たしてグローバルな危機を回避することができるのか。グローバル・ガバナンスの可能性と限界を分析した。

第二に，今後の世界経済秩序のカギを握る中国をめぐる動きに焦点を当てた。中国は新たな秩序の構築に向けてどのようなシナリオを描いているのか。米中の新たな大国関係はやはり幻想なのか。米新政権がTPPから離脱すれば，米国のこれまでの通商戦略のシナリオが崩壊する。米国が主導する秩序はもはや終焉に向かっているとみるべきか。流動化する世界経済秩序の行方を鳥瞰した。

第三に，押し寄せるグローバル化の波に日本はどう対応すべきか，焦眉の課題を取り上げた。アベノミクスが目指す日本経済再生の条件は何か。少子高齢化と人口減少がもたらす懸念をどう克服するのか。剣が峰に立つ企業，グローバル化がもたらす「光と陰」にどう対処すべきか，今後の指針を示した。

読者の方々が先行き不透明なグローバル・エコノミーの目下焦眉の諸問題について理解を深める上で，本書が些かなりとも寄与することができれば幸いである。

因みに，本書と合わせて，馬田啓一・小野田欣也・西孝編著『国際関係の論点―グローバル・ガバナンスの視点から―』（文眞堂，2015年2月，本体2,800円）もご高覧いただきたい。グローバル化が直面する課題に関して，より一層理解が深まるものと確信している。

なお，本書は，杏林大学総合政策学部の有志16名が執筆陣に参加した2016年度研究・出版プロジェクトの成果であり，大学院国際協力研究科の2016年度出版助成によって刊行の運びとなった。

最後に，厳しい出版事情の中，本書の刊行を快諾し，編集の労をとっていただいた文眞堂の前野隆氏と前野眞司氏ほか編集部の方々に，心から謝意を表したい。

2016年12月

編著者

目　次

第Ⅱ部
中国の台頭と世界経済秩序の将来

第 I 部

世界経済の不安要素：悲観と楽観

第1章
世界経済の現状とG20政策協調

はじめに

イギリスが国民投票によってEU離脱を選択したこと，そしてその他多くのEU加盟国の極右政党がそれに続くべく支持を集めていること，さらにアメリカでは共和党のトランプ候補がその過激な公約にもかかわらず，やはり大きな支持を集めたこと，これらはすべてその根源に共通の要因をもっている。

それは自国優先主義であり，それと共にある排外主義である。歴史は同様の状況を繰り返してきた。そしてその背後にはやはり，経済的上昇を実感できない中・低所得層の閉塞感があった。それは今日においても同じである。

G20の政策協調については，いつもながらの不完全な成果が総論的コミュニケに盛られるにすぎないが，1970年代以降一貫しての新自由主義的経済運営と新古典派的マクロ経済モデルに基づく政策には奇妙なコンセンサスがある。しかしそのコンセンサスは残念ながら，中・低所得層の閉塞感には向けられていない。

協調は何かを達成するための手段であって，それ自体が最終の目的なのではない。今，G20にとって問題なのは，「何のための協調か」を改めて問い直すことである。本章では，それなしには，現在の支配的体制それ自体を脅かす力が，手に負えないものとなる危険性があることを主張したい。

以下，まず第1節では，リーマン・ショック以降の主要国に関する経済指標を概観する。そこではとりわけ，中・低所得層，失業者といった経済的上昇を実感できない階層の実態を強調している。「緩やかに回復しつつある」「下振れリスクがある」といった表現は，それらを覆い隠すものでしかない。

続く第2節では，歴史において同様な自国優先主義と移民排斥が生じた例を，とりわけ1890年代後半と1920年代のアメリカを中心に見ている。そこにはやはり経済的上昇を実感できない中・低所得者層があったことが指摘されている。

最後の第3節では，G20における政策協調が不完全にしか機能しないことはこれまで指摘されてきたとおりである一方，そこには新自由主義的経済運営と新古典派的マクロ経済モデルによる政策評価に関して，奇妙なコンセンサスがあることを指摘している。しかしそのコンセンサスの向いている方角は，閉塞感を抱く中・低所得層ではない。問題は協調のあるなしよりも，そもそもそれが対処すべき目的であり，そこを見誤ることは体制の持続可能性に対する脅威となり得ることを主張している。

第1節　リーマン・ショック以降の主要国経済

リーマン・ショック後の世界経済のアウトラインは，2014年までの先進国経済の伸び悩み，そしてそれらを牽引する中国および新興国経済によって特徴づけられてきた。そして2015年になると，逆にアメリカやヨーロッパで回復の兆しが見える一方，頼みの綱だった中国経済が減速，そしてそのあおりを受けてアジアの新興国経済にも陰りが見え始めた。また資源価格の下落によりブラジル，ロシアなどの新興国にも景気の悪化傾向が見受けられる。そして2016年度にはそれに加えて，アメリカの再度の利上げ観測が世界経済の新たなリスク要因と考えられている。

しかしリーマン・ショック後の世界経済で何が起こっているのかを，その本質において捉えようとするならば，そのような一般的なマクロ指標をもう少し丁寧に観察する必要がある。まず図1-1および図1-2は主要国の実質GDP成長率を見たものである。2009年には中国，韓国を除いて，主要国は軒並み実質マイナス成長となった。そして各国が「マイナス成長」から「低成長」へとおぼつかない足取りを示している間，中国経済が徐々にその成長率を減速させている。冒頭で述べたアウトラインはまさにここに描かれているとおりである。

図1-1　実質GDP成長率（1）

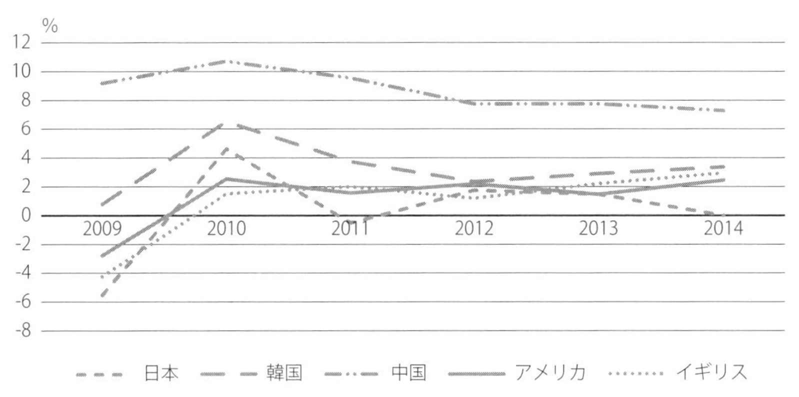

（資料）総務省統計局『世界の統計 2016』より。

図1-2　実質GDP成長率（2）

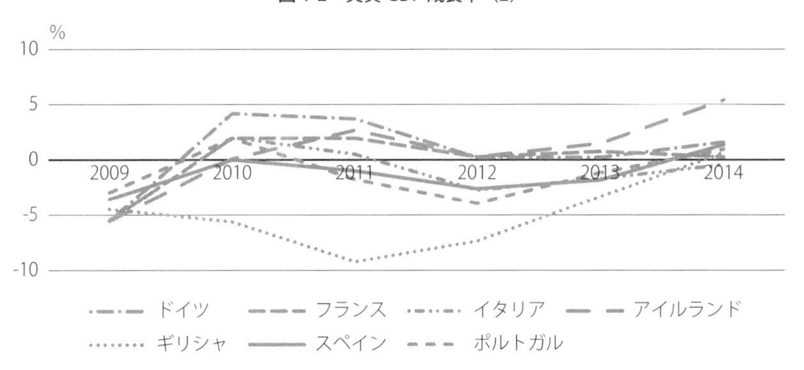

（資料）総務省統計局『世界の統計 2016』より。

他方，マイナス成長から低成長への過程において，何が生じているかをもう少しつぶさに見てみたい。図1–3および図1–4は主要国の調整失業率[1)]を見たものである。アメリカ，ドイツ，そしてしいて言えば日本において失業率の傾向的低下が見られるが，むしろそれらの方が例外的に見受けられる。特に南欧の国々における失業率の状況はその傾向だけでなく，水準そのものにおいて極めて深刻な状況であると見なければならない。

さらに表1–1は失業者のうち，1年以上にわたる長期失業者の割合を見たものである。ここで取り上げた国々では，アメリカおよびドイツを除いてほぼ状

図 1-3　調整失業率（1）

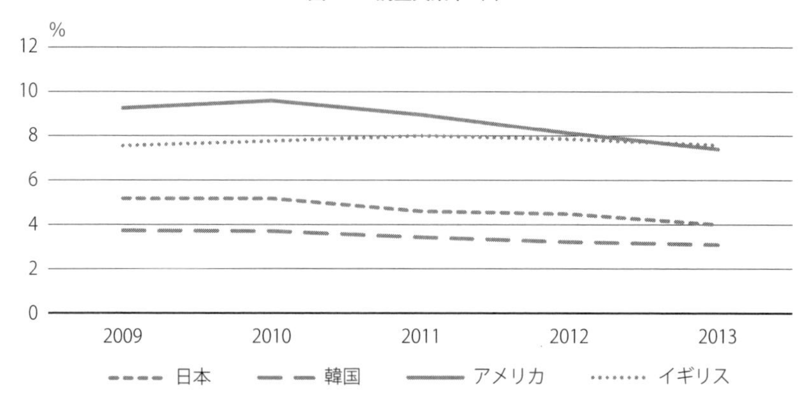

＊ ILO ガイドラインに基づく OECD データを出所とする。
（資料）労働政策研究・研修機構『国際労働比較 2015』より。

図 1-4　調整失業率（2）

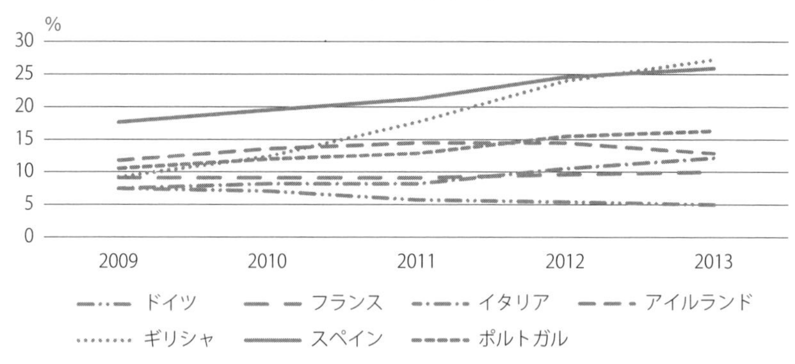

＊ ILO ガイドラインに基づく OECD データを出所とする。
（資料）労働政策研究・研修機構『国際労働比較 2015』より。

表 1-1　長期（2 年以上）失業者の割合

（%）

	日本	アメリカ	イギリス	ドイツ	フランス	イタリア	アイルランド	ギリシャ	スペイン	ポルトガル
2010	37.6	29.0	32.6	47.4	40.2	48.5	49.1	45	36.6	52.3
2012	38.5	29.3	34.8	45.4	40.4	53.0	61.7	59.3	44.4	48.7
2013	41.2	25.9	36.3	44.7	40.4	56.9	60.6	67.5	49.7	56.3

（資料）労働政策研究・研修機構『国際労働比較 2015』より。

図1-5　時間当たり賃金（製造業）（2009年＝100）

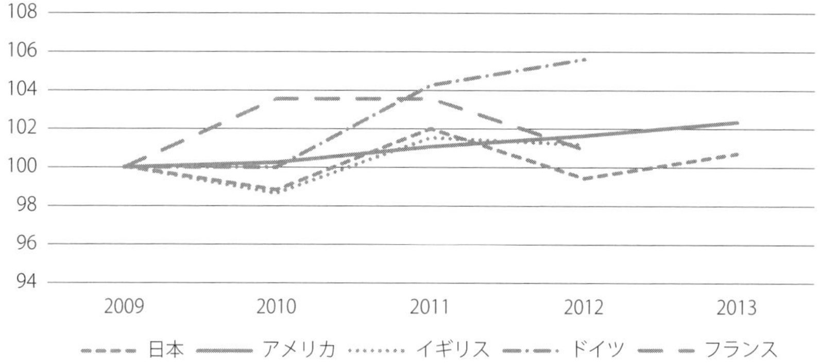

（資料）労働政策研究・研修機構『国際労働比較2015』より。

況が悪化している。

図1–5は製造業における時間当たり賃金を，2009年＝100として指数化したものである。リーマン・ショック後2013年までの間，製造業の賃金率は日本でわずか0.7%，アメリカでも2.3%しか増加しなかった。その他の国もドイツを例外としてほぼ1%前後の変化しか見られない。

そして表1–2は主要国の労働分配率の変化を見たものである。失業率において深刻な状況であるフランスとイタリアでなぜか上昇がみられるが，それ以外の国では労働分配率の傾向的低下が生じている。

つまり世界経済がマイナス成長から低成長へとおぼつかない足取りで回復しつつあるかに見える過程は，それを実感として受け取ることができていない大きな層（賃金労働者，失業者）を伴っており，それはむしろその過程で悪化し

表1-2　労働分配率

（%）

	日本	中国	アメリカ	イギリス	ドイツ	フランス	イタリア
2009	71.5	48.9	69.9	70.3	68.3	73.4	56.9
2010	68.9	47.5	67.9	68.7	66.6	72.5	57.2
2011	70.5	47.3	67.0	67.4	65.9	72.7	57.3
2012	69.7	n.a.	66.8	69.1	67.5	74.2	58.6
2013	69.3	n.a.	n.a.	69.6	67.9	74.5	58.4

（資料）労働政策研究・研修機構『国際労働比較2015』より。

ていったように見受けられるのである。また一見相対的にパフォーマンスが良いとみられるアメリカにおいても，過去の景気拡大期と比較して個人消費の伸び悩み，その原因ともなっている中間層以下の収入の伸び悩みと，ジニ係数の傾向的増加（格差の拡大）が指摘されている[2)]。

これらのことは社会のマジョリティにおいて，人々が生活水準の上昇を実感できないどころか，その悪化，そしてそれが将来上昇する見込みについての悲観的予想をもたらしていると考えられないだろうか。そのような状態が続いてきた，そして続いているにもかかわらず，政策的対応に大きな転換が見られないのはどうしたことだろうか。アメリカ，ヨーロッパ，日本では相変わらず金融緩和への極端な偏重と財政規律への固執が続いている。さらにアメリカでは早くも出口戦略として2度目の利上げが検討されている。そしてそれは次節で見るように，社会現象として望ましからざる帰結をもたらしていると考えられるのである。

第2節　不況と自国優先主義

2016年6月23日，イギリスで同国のEU離脱をめぐる国民投票が行われ，72.1％という高い投票率の中で賛成51.9％，反対48.1％という僅差ではあったが，結果として「EU離脱」が選択された。きわめて特徴的なのは，勝利した「離脱派」に勝利の陶酔が感じられないことである。まるで勝利者のいない国民投票であるかのようだ。何か手に負えない「力」が作用して，投票結果が生み出され，その結果に多くの人々が当惑しているかのようである。

同じ「力」はアメリカでも作用している。2016年11月8日に予定されている大統領選挙で，共和党のドナルド・トランプ候補が予想をはるかに上回る支持を集めている。その過激な発言や選挙公約は多くの人々を当惑させると同時に，多くの人々の支持を確かに得ているのだ。本章執筆時点では，選挙の結果は判明していないし，それを予想することは本章の目的ではない。ここで重要なことは，本来共和党ではなかったトランプ氏が，他の共和党候補を駆逐するほどにまで支持を集めたこと，これである。ちなみにアメリカのニューヨーク・タイムズ紙の選挙担当記者によると，「本紙の予測モデルでは，トランプ勝利の確率は24％だが，これはNBAのプロバスケットボールの選手が，フリースローに失敗する確率と同じくらい」とのことである[3)]。つまりあり得ないことではない，ということだ。イギリスの国民投票においても，離脱の選択は多く人にとって「予想外」であった。

では，イギリスのEU離脱の選択と，アメリカにおける「トランプ現象」に共通して作用している「力」とは何であろうか？ それは「自国優先主義」と「排外主義」である。そしてそれらが「力」として作用するのは，歴史において繰り返し観察されてきたことである。今，またそれらが徘徊を始めた。そしてその背後にはおそらく同じような世界経済の状況があったと思われるのである。

たとえばアメリカでは，1890年代半ば以降，激しい金融危機とともに経済が急勾配に下降した。この時にアメリカ社会に蔓延した閉鎖主義・非寛容も，典型的に移民排斥の形をとった。伝統的にアメリカにおける反移民感情は，経済的動機，人種的・宗教的偏見が結びついたものだったが[4)]，この時期のアメリカ移民は，もはやおもに北ヨーロッパ出身者ではなく，ロシア，ポーランド，イタリア，ギリシャ，バルカン半島諸国，オーストリア＝ハンガリー帝国の異民族地域などからであり，ほとんどがプロテスタント系ではなかっただけでなく，多くはカトリック教徒でさえなかった。大挙して押し寄せていたのはギリシャおよびロシア正教徒やユダヤ教徒であった[5)]。

そして同じことは1920年代にも生じた。1920年代というと，通常は「狂騒の20年代」として，華やかな印象が持たれているが，実際には平均的アメリカ人にとって実質的な進歩がほとんどなかったことが指摘されている。1918年から1929年までの間に一人当たり実質所得は平均してわずか1％の上昇だった[6)]。クー・クラックス・クランが興隆したのはこの時期である。ちなみに多くの人々はクー・クラックス・クランを黒人に対する偏狭な信念と結びつけて考えるが，1920年代にはプロテスタント国アメリカのイメージに固執する「反カトリック主義」がより重要な焦点であった[7)]。

トランプ候補の「イスラム教徒のアメリカ入国拒否」「不法移民の流入を防止するためにメキシコとの国境に『万里の長城』を建設し，その費用をメキシコに払わせる」といった暴言（？）は，やはり伝統的なアメリカの反移民感情をそのまま踏襲するものといえる。つまりそれは何ら新しい今日的現象ではないのである。

イギリスのみならずEU離脱を主張するヨーロッパ各国の極右政党も，そろって「反移民」を唱えているのは何ら偶然ではない。それは長きにわたる経済的不調を背景として生み出された閉鎖主義・非寛容の顕現に他ならないのである。

そしてよく知られたように，その後の世界大恐慌によって事態はさらに悪化・深刻化していった。とりわけ貿易面での自国優先主義が跋扈し，1920年代にすでにフォードニー＝マッカンバー法の下で空前の水準にあった関税は，1930年6月のスムート＝ホーレイ法の下で50％超の平均関税率にまで約2倍に上昇した。当然諸外国もこれに対して関税の引き上げ，輸入割当，その他のさまざまな国境を越える商品流入への制限措置をもって対抗した[8)]。

現況との類似で無視しえないのは，移民に対する排斥がもはや人道的な面においても後退したことである。印象的な事実として，せめてナチの迫害から逃れてくる亡命者だけでも追加的に受け入れてはどうかという請願にもかかわらず，1920年代に制定された厳格な移民制限法が効力を発揮し続けたことである。その時の世論調査によれば，2万人のユダヤ人児童を受け入れる提案―1938年11月9日の「水晶の夜事件」（ナチによるユダヤ人の大虐殺事件）の直後だった―に3分の2のアメリカ人は反対であったという[9)]。

第3節　奇妙なコンセンサス

毎回G20サミットの首脳宣言が公表されると，何について協調が演出され，何については溝が埋まらなかった・・・といった議論が繰り返される。そしてそこでは協調がいかに重要であり，同時にいかに困難であるかが論じられる。そのような論考の価値を無視するものではない。ただしそれにはすでにさまざまな優れた論考がある[10)]。

ここではむしろ視点を変えた問いを発してみたいと思う。それは，一体，何に向けて協調するのだろうか？ という問いである。別な言い方をすれば，その目的いかんによっては，協調することは，協調しないことより無条件に良いといえるのだろうか？ という問いである。協調をそれ自体として美徳と考える評価方法もあるだろう。しかしもう一つの観点からは，協調は何かの目的を達成する手段であってそれ自体が目的なのではない，ということもできる。

2016年9月4～5日に行われた中国の杭州でのG20サミットでは，「強固で，持続可能で，均衡ある，かつ，包摂的な成長を達成するため，全ての政策手段―金融，財政及び構造政策―を個別にまた総合的に活用」することで「合意」がなされた。財政政策が言葉としてあえて取り上げられているのは注目に値するが，それも金融政策と構造改革に挟まれてにすぎず，それを好まない政府は「個別に」それを行わない自由が担保されている[11)]。果たしてこの総論的な文章の中には，第1節で問題にしたような，とりわけ中・低所得者というマジョリティの閉塞感に対する懸念が共有されているのだろうか。単なる景気の「下振れリスク」という認識では捉えられない問題が眼前にあることが共通の理解となっているのだろうか。

筆者はそこに協調以前の，奇妙なコンセンサスを見出すのである。それは一言でいえば，新自由主義的イデオロギーであり，常にそれと共にある（広い意味での）新古典派的マクロ経済モデルである。もちろんそれは，この度の杭州G20サミットに始まったことではない。1970年代以降，ある意味では一貫してそうであったのである。

杭州G20サミットのコミュニケがターゲットとする協調の効用関数を構成しているのは，CEO，会社の重役，金融・法律・技術部門のリーダーたちのそれである[12)]。そして第1節で論じた階層に対しては，例によって「包摂的な成長」の結果として滴り落ちる（はずではあるが，決してそうはならない）ものがちらつかされているに過ぎない。

市場メカニズムは基本的に信頼に足るものであり，政府の干渉は多くの場合望ましくなく，したがって対外的な貿易・投資障壁を含めあらゆる規制は緩和されなければならない。政府による短期的な景気対策の余地はあるが，そのためにはもっぱら金融政策が有効であり，財政政策の効果は小さい。したがって，むしろ財政規律を維持することが長期的にも重要なことである。中央銀行は政府から独立しているべきであり，もっぱら物価の安定の実現をその責務とするべきである。これが筆者のいう新古典派的マクロ経済学である。

このような現実・政策認識がG20のコンセンサスになっているといえば，それを疑問視する読者もおられよう。また，それを反証する例を挙げることもできるに違いない。しかし，もう少し大きな歴史的流れを捉えれば，今の中国，ロシアでさえ，1970年代までの中国やソ連と比較すればはるかに新自由主義的であり，さまざまな抵抗や弄される策は，まさに新自由主義の大海で生きていくためのものに他ならない。その他の新興国も，その発展の初期において国家主導的であった事実があるにもかかわらず，1997～98年のアジア通貨危機を一つの例として，IMFやWTOの「ワシントン・コンセンサス」による「指導」の下，ますます標準的な新自由主義的経済運営に従うようになった。かくして新古典派的マクロ経済モデルに基づく新自由主義的経済運営は，まさにG20の標準的コンセンサスを形成するものとなったのである。

しかしこのことは，リーマン・ショックからまだ10年を経ていないことを思えば，奇妙を通り越して何やら恐ろしいことではないだろうか[13)]。

もちろん，問題は効率的市場仮説にとどまるものではない。異常なまでの金融政策への偏重と，競争能力を高めるという大義名分のみで，その実態が常に不明確である「構造政策」なるものが重視され，財政出動が常に「財政規律」の名のもとに忌避される現実も，由々しき問題である。2016年5月に日本の安倍首相がヨーロッパを歴訪したとき，彼は財政出動の必要性を説いたが，イギリスのキャメロン首相（当時）とドイツのメルケル首相は財政規律の重要性を盾に事実上これを受け入れなかった。

詳細は別稿に譲らざるを得ないが[14)]，この財政出動消極主義はまさに新古典派的マクロ経済モデルに基づくものである[15)]。異常なまでの金融政策への偏重は，新古典派的マクロ経済モデルにおいては，それがもっぱら為替レートの減価によって機能することを考えれば，むしろ現在の状況での効果は限られているというべきである。マイナス金利を導入しての異常なまでの金融緩和とて，「イギリスのEU離脱」「アメリカの利上げが遠のいた」といった市場の憶測に翻弄されては途端に円高がもたらされる。そして市場はマスコミを通じてさらなる緩和を「期待」しているというメッセージを送り続ける。その繰り返しである。

これだけの異常な金融緩和が継続されている一方，財政規律に執拗に固執する理由が判で押したように「将来のインフレを懸念して」ということであれば，もはやそれは笑い話である。

金融政策の効果は貨幣供給量の増加に伴って，いかにフローとしての生産＝支出＝所得が生み出されるかにかかっている。一つ目のチャンネルは，金利の低下を通じた貸出の増加による民間投資支出の増加である。二つ目のチャンネルは円安を通じた輸出の増加である。そして三つ目のチャネルは政府支出の増加である。一つ目は民間の資金需要が増加しなければ話にならない。二つ目はすでに述べた理由で市場の憶測に簡単に翻弄される。残る手段が何であるかは明白この上ない。

しかし，その明白な政策が忌避されるとすれば，それはもはや新自由主義的経済運営がイデオロギーとして定着していることによってしか説明できない。もはや政策の目的はビジネス・エリート階級の効用関数であり，中・低所得層のそれではない。そこにG20のコンセンサスがあり，それをめぐって不十分な協調が試みられているのである。

19世紀後半の金本位制の下，あるいは第一次世界大戦後におけるその再建の過程で，主要国には相応の協調行動が見られたといわれている[16)]。経済のデフレ傾向とそれがもたらす国民生活への負の影響が無視しえなくなってきていた当時，はたしてその協調は正しかったのだろうか。極端な例をあげれば，いじめグループの一員なら，一緒にいじめるのは協調である。協調は非協調よりも常に望ましいのだろうか。

協調は手段であって，目的ではない。2%の物価上昇率達成も，本来ある種の中間目標であって，経済厚生の最終目標ではない。ヨーロッパ各国の統合もまた平和のための手段としてではなく，それ自体が目的となっているかのような現状の中でほころびが隠せなくなっている。

筆者は，今，世界で反乱を起こしつつある中・低所得層の行き場のない閉塞感を適切な目的として考慮しなければならないと考える。それは19世紀半ば以降の社会主義運動がそうであったのと同様，何らかの形で現在の支配的体制に対する手に負えない脅威となるのではないかと予想している。

杭州 G20 サミットのコミュニケにおいて，経済「成長」に「持続可能で」という形容詞が加えられていたのは笑えない皮肉である。

【注】

1）失業者の構成や統計上の定義が各国で異なっていることから，OECD が ILO（International Labour Organization；国際労働機関）の基準に基づいて国際比較のための調整を行って公表している失業率のことである。
2）日本政策投資銀行産業調査部「今月のトピックス 252」2016 年 3 月 17 日。
3）「トランプに「大逆転」はあるか」『選択』2016 年 8 月号，12 頁。ちなみに，本章校正中の 11 月 8 日，トランプ氏が選挙を制し，アメリカの第 45 代大統領に選ばれたのは，周知の通りである。
4）フリードマン（2005），邦訳，194 頁。
5）フリードマン（2005），邦訳，155-6 頁。
6）フリードマン（2005），邦訳，184-5 頁。
7）フリードマン（2005），邦訳，195 頁。
8）フリードマン（2005），邦訳，207 頁。
9）フリードマン（2005），邦訳，200 頁。
10）歴史的経緯を踏まえた，比較的最近の優れた概観としては，Eichengreen（2013）がある。
11）コミュニケにおける政策協調の第 2 点目においても財政政策が単独で取り上げられているが，それも「構造改革」の後塵を拝している。
12）新自由主義のもとに台頭した階級権力の中核を構成する人々である。ハーヴェイ（2005），邦訳，48 頁。
13）Buiter（2009）は，「その認識能力が現代の英米の博士課程で歪められていない限り，効率的市場仮説が主要な資産市場において明白に破たんしていることは，2007 年以前でさえ明らかだった」と述べている。G20 の首脳，中央銀行総裁には，残念ながらここでの例外に該当する人が少なくないようである。
14）財政・金融政策協調の有効性については，西（2015）を参照されたい。
15）さらに歴史的に綿々と続く緊縮財政思想に関する包括的かつ興味深い論考として Blyth（2013）がある。
16）Eichengreen（2013），p. 54.

【参考文献】

Blyth, Mark（2013）, *Austerity: The History of a Dangerous Idea*, Oxford University Press.（若田部昌澄監訳，田村勝省訳『緊縮策という病―「危険な思想」の歴史』NTT 出版，2015 年。）

Buiter, Willem（2009）, “The Unfortunate Uselessness of Most ‘State of Art’ Academic Monetary Economics,” *Financial Times*, March 3.（http://www2.econ.iastate.edu/tesfatsi/UselessnessOfMacro.WBuiter2009.pdf）

Eichengreen, Barry（2013）, “International Policy Coordination: The Long View,” in Robert C. Feenstra and Alan M. Taylor（eds.）, *Globalization in an Age of Crisis: Multilateral Economic Cooperation in the Twenty-First Century*, University of Chicago Press.

Friedman, Benjamin M.（2005）, *The Moral Consequences of Economic Growth*, Knopf.（地主敏樹・重松公生・佐々木豊訳『経済成長とモラル』東洋経済新報社，2011 年。）

Harvey, David（2005）, *A Brief History of Neoliberalism*, Oxford University Press.（渡辺治監訳『新自由主義―その歴史的展開と現在』作品社，2007 年。）

西孝（2015），「ポリシー・ミックス再考―ヘリコプター・マネーは悪夢か？―」『杏林社会科学研究』第31巻第1号，55-67頁。

（西　　孝）

第2章
マイナス金利は劇薬か：日欧の挑戦

はじめに

わが国の金融政策は，2016年2月，マイナス金利の世界に突入した。物価の安定を達成するための追加的な金融緩和措置として，日本銀行は，日銀当座預金の一部に適用する金利を+0.1%から-0.1%に引き下げたのである（同政策の決定は2016年1月29日）。

金利がプラスの通常の世界では，お金を貸した人が借りた人から金利を受け取る。しかし，金利がマイナスの世界では，逆に，お金を借りた人が貸した人から金利を受け取ることになる。一見奇妙にも思えるこのような世界が，わが国の金融政策の場に出現したのは，なぜであろうか。

日本銀行は，2013年4月以降「量的・質的金融緩和」という枠組みのもとで強力な金融緩和を行ってきたが，物価安定の目標（消費者物価の前年比上昇率2%）にはなかなか到達出来ず，さらに強力な金融緩和を行う必要からマイナス金利の金融政策を導入したのである。一般に，金利がプラスの世界において金利水準を引き下げれば，景気が刺激されて物価上昇圧力が生まれるが，理論上，それと同じメカニズムがマイナス金利の世界でも作用する。したがって，ゼロ金利の壁を突破してマイナス金利の領域へと金利が低下すれば，金融緩和の効果が増大し，さらなる物価上昇を期待できる。ただし，後にみるように，マイナス金利政策の「副作用」として，民間金融機関の収益環境の悪化から貸出スタンスが慎重化してしまう可能性など，幾つかのリスクも指摘されている。また，金利のマイナス幅が小幅にとどまっている状況で，景気や物価の押し上げに有効な規模の緩和効果が生まれるかどうかも論点である。

このようなマイナス金利の金融政策は，日本銀行が導入する以前に，欧州の幾つかの中央銀行が先行して実施してきている。欧州では，2009年にギリシャの財政問題が表面化して以降，深刻な財政危機が域内の他国にも波及し，さらには金融システム危機の様相を呈する状況にまで至ったことで，景気悪化が深刻化した。こうした情勢への対応として，従来以上に強力な金融緩和を実施する必要性が高まり，マイナス金利の金融政策が導入されたのである。日本を含め，各国におけるマイナス金利政策は，運用上の細かい部分に違いはあるものの，効果の波及メカニズムや論点はほぼ共通である。

本章では，このようなマイナス金利の金融政策が，実際にどのような効果を発揮しているかを検討する。効果と副作用の現れ方次第では，マイナス金利という「劇薬」の是非が改めて問われかねない。したがって，政策の結果をしっかりと検証しておくことが極めて重要である。また，今後，金利のマイナス幅がどの程度まで拡大する可能性があるかについても考察する。

本章では，以下，第1節で，日欧各国におけるマイナス金利政策の概要を説明したうえで，特に日本のマイナス金利政策に焦点を当て，本章執筆時点(2016年8月末）までに金融市場や実体経済に対してもたらされた効果をデータに基づき検討する。第2節では，この先わが国でさらなる金融緩和が必要となった場合に，金融政策金利はどこまでマイナス幅を拡大できるのかについて議論する。そこでのポイントは，金融資産が預金から現金へ逃避する可能性をどう考えるかということである。最後に，結びでは，現在のようなマイナス金利の金融政策は一時的で異例なものなのか，それとも将来的に頻繁に出現し得る可能性があるのかについて，簡単な考察を述べる。

日欧の中央銀行が前例のないマイナス金利政策を導入した勇気は称賛に値する。ただし，その効果と副作用を検証するのはもちろん，より長期的な視点から，金融緩和の手段としてマイナス金利政策にどこまで依存することが可能であるのか，あるいは適切であるのかを議論していくことが望まれる。

第1節　日欧におけるマイナス金利の金融政策

本節では，欧州の幾つかの中央銀行と日本銀行がこれまでに導入したマイナス金利の金融政策の概要を整理したうえで，特に日本における政策効果をデータ面から検証する。

1．日欧における金融政策のマイナス金利化

本章執筆時点（2016年8月末）までにマイナス金利の金融政策が導入された事例を整理すると，表2-1のとおりである。

世界で最初に，実質的なマイナス金利政策を導入したのはデンマークであり，2012年7月のことであった。デンマークは，2014年4月にいったんマイナス金利政策を取りやめるが，その後，欧州中央銀行（ECB）が2014年6月にマイナス金利政策を導入した。欧州の共通通貨ユーロを発行する巨大な中央銀行ECBがマイナス金利政策を導入した影響は大きく，それ以降，ユーロ圏周辺でECBに追随するかのようにマイナス金利政策の導入が拡がった[1)]。すなわち，デンマークが2014年9月に再導入を行い，スイスとスウェーデンも続いた。一方，欧州の中では，英国やノルウェーのように，これまでのところマイナス金利政策に踏み込んでいない国もあるが，それらの国でもプラス金利の範囲で金融緩和が進められた。

このように，欧州債務危機以降，経済・物価情勢の悪化が目立つ欧州からマイナス金利の金融政策が始まったが，欧州圏以外でマイナス金利の金融政策を導入したのは，現時点までに日本のみである。日欧各国における金融政策の運営方法は，国によって細部に相違点があり，中央銀行が制御する各種金利のどれをどの程度マイナスにしているかも相異なっている。具体的には，表2-1を参照されたい。各国の共通点としては，付利対象となっている中央銀行負債の少なくとも一部分にマイナス金利を適用し，その結果，金融政策金利がマイナスになっているということがある。

このように，民間金融機関が中央銀行に預け入れる短期金融資産の一部の金利がマイナスになると，その影響は他の金融資産の金利や利回りに波及する。後で日本におけるデータを示すが，具体的には，中長期の無リスク金利（国債利回り）や預金金利，貸出金利などを押し下げる力が働く。その結果として，家計や企業の消費や投資が刺激され，景気と物価を押し上げる作用が生じる。また，金融機関や機関投資家は，運用利回りの低下を受けてポートフォリオ・

リバランスを行い，リスクマネーの供給を増加させるので，その点からも経済活動の活発化に資する。

表 2-1　各国におけるマイナス金利の金融政策の導入（2016 年 8 月末時点）（注１）

国・地域	導入決定時期	金融政策金利	付利対象の中央銀行負債と適用金利（2016 年 8 月末時点）
デンマーク	2012 年 7 月 2014 年 9 月（再導入）	中央銀行発行譲渡性預金金利	・当座預金 ・基準額超に対して -0.65%（注２） ・基準額以下に対して 0%
ユーロ圏	2014 年 6 月	預金ファシリティ金利等	・所要準備預金に対して 0% ・預金ファシリティ等に対して -0.4%
スイス	2014 年 12 月	3 カ月スイスフラン LIBOR	・当座預金 ・基準額超に対して -0.75% ・基準額以下に対して 0%
スウェーデン	2015 年 2 月	レポ金利（中央銀行発行証書オペに適用）	・中央銀行発行証書オペ金利は -0.5% ・ファインチューニング・オペ金利は -0.6% ・預金ファシリティに対して -1.25%
日本	2016 年 1 月	中央銀行当座預金金利（政策金利残高適用金利）（注３）	・当座預金 ・政策金利残高に対して -0.1% ・マクロ加算残高に対して 0% ・基礎残高に対して +0.1%

（注１）本表に掲げた事例のほかに，スウェーデンでは 2009 年 7 月から 2010 年 9 月まで，中央銀行預金ファシリティ金利がマイナスとされていた。ただし，当時，他の政策金利がプラスであったことから，マイナス金利の適用されている預金ファシリティの残高は極めて小さかった。したがって，ここでは，この事例はマイナス金利政策に含めないこととした。

そのほか，ノルウェーでは 2015 年 9 月以降，またハンガリーでは 2016 年 3 月以降，それぞれ中央銀行負債への適用金利の一部がマイナスとされているが，金融政策金利はマイナスとはなっていない。

（注２）デンマークでは，中央銀行当座預金の基準額超部分は，中央銀行発行譲渡性預金（CD）に振り替えられ，政策金利が適用される。

（注３）日本銀行は，長らく政策金利を無担保コールレート・オーバーナイト物としてきたが，2013 年 4 月に「量的・質的金融緩和」を導入した際に金利目標を廃止し，金融市場調節の操作目標をマネタリーベースに変更した。その後，2016 年 1 月には，「量的・質的金融緩和」の枠組みを維持したうえで，追加的措置として，日本銀行当座預金への適用金利を +0.1%から -0.1%（ただし政策金利残高に適用）に引き下げた。これにより，日本銀行当座預金金利（政策金利残高適用金利）が政策金利としての役割を担うことになった。

（資料）中野等（2016）の図表 1 を参考に，最新の公表データ等を織り込んで筆者が改訂。

マイナス金利政策に期待される効果は上記のようなメカニズムで発現するが，一方で，「副作用」の可能性も指摘されている。例えば，民間の銀行は，中央銀行に預金するうえでマイナス金利というコストを負担することになるが，そのコストを顧客の預金者に完全に転嫁することは容易でない。特に，家計などの小口預金は，マイナス金利を適用しようとしても理解が得られにくいとの指摘がある。したがって，マイナス金利政策に伴い，大なり小なり銀行の収益環境は悪化する。この問題が銀行の経営体力を左右するほどの影響を持つこととなれば，銀行が貸出スタンスを慎重化させ，企業部門に対する資金供給が細ってしまうリスクがある。このリスクが顕現化するかどうかは，他のさまざまな要因にも左右されることから，十分に注視していく必要があろう。

2．日本におけるマイナス金利の金融政策とその効果

ここからは，日本のケースに焦点を当てて，マイナス金利の金融政策の内容をより具体的に説明し，さらに，この政策が金融市場や実体経済にどのような効果をもたらしているかをデータによって確認する。

日本銀行が2016年1月29日に決定，同2月半ばから実施しているマイナス金利政策の根幹は，民間金融機関が日本銀行に預け入れる日銀当座預金の一部分（「政策金利残高」）に-0.1％のマイナス金利を適用するということである[2)]。日本銀行は，今後の経済・物価情勢次第では，この金利をさらに引き下げるとしており，この「日銀当座預金の政策金利残高に対する付利金利」が新たな政策金利に位置付けられたのである。なお，マイナス金利政策の導入前から実施していた「量的・質的金融緩和」はそのまま維持されたため，日本銀行は，新たな金融政策の枠組みを「マイナス金利付き量的・質的金融緩和」と呼称し，「量」，「質」，「金利」の3つの次元から金融緩和を行う枠組みを採ることとなった。

日本銀行のマイナス金利政策には，特徴的な点が2つある。第1は，「階層構造方式」の採用である。これは，日銀当座預金を3つの階層（基礎残高，マクロ加算残高，政策金利残高）に分けて，各階層にそれぞれ，プラス，ゼロ，マイナスの金利を適用するという方式である（同様の方式はスイスなどでも採用されている）。この方式の主たる目的は，金融機関の収益を過度に圧迫して

金融仲介機能がかえって低下してしまうリスクを抑制することである。階層構造のもとでは，日銀当座預金のうち一定の残高まではマイナス金利が適用されないことから，金融機関の収益悪化の抑止に資する。一方，金融機関が新たな金融取引を行う場合には，その取引の結果として日銀当座預金が限界的に増減することから損益が発生するため，その限界的な増減を包含する政策金利残高への適用金利（マイナス金利）が実質的な効果を持つ。次に，第2の特徴は，金融機関が余裕資金を保有する際に，マイナス金利の日銀当座預金への預入を避け，代わりに「金利」がゼロである現金で保有することになると，マイナス金利政策の効果が減殺されてしまう可能性があるが，これを抑止する仕組みを組み込んだことである。具体的には，金融機関の現金保有額が大きく増加した場合は，その増加額相当を日銀当座預金でゼロ金利が適用される階層からマイナス金利が適用される階層に移す形で，ある種のペナルティを用意したのである。これらの措置により，マイナス金利政策の効果が円滑に発揮される環境が整えられた。

図 2-1　中長期金利の推移（単位：%）

（注）国債の最終利回り（半年複利ベース）の月末値。
（資料）財務省の公表データより筆者作成。

では，わが国において，マイナス金利政策は実際にどのような効果を生んだのであろうか。同政策の導入から約半年が経過した現時点までのデータに基づき，金融面と実体経済面の動きを順に確認する。

まず，金融面であるが，短期金利である政策金利が -0.1％に引き下げられると決定された 2016 年 1 月 29 日以降，中長期金利は明確に低下傾向を強めた。図 2-1（前頁）は，無リスク金利とされる国債利回り（3，5，10 年物）の推移を示しているが，いずれの年限の利回りも，この政策決定以降に低下傾向をたどったことが見て取れる。例えば，10 年物利回りは，同年 2 月下旬以降一貫してマイナス圏にあり，同年 5 月から 7 月にかけて -0.1％から -0.3％のレンジで推移している。10 年物金利は，純粋期待仮説のうえでは，先行き 10 年間の期待短期金利の平均値であるから，それがマイナス水準にあるということは，「日本では先行き 10 年程度は平均的にみて政策金利がマイナスである」と金融市場が認識していると理解できる[3]。このように，マイナス金利の金融政策は，時間軸に沿って，金利の期間構造（イールドカーブ）に強力な低下圧力をもたらした。

一方，家計が直面する預金金利（図 2-2）や，企業が直面する銀行貸出金利

図 2-2　預金金利の推移（1 年物定期預金，普通預金，単位：%）

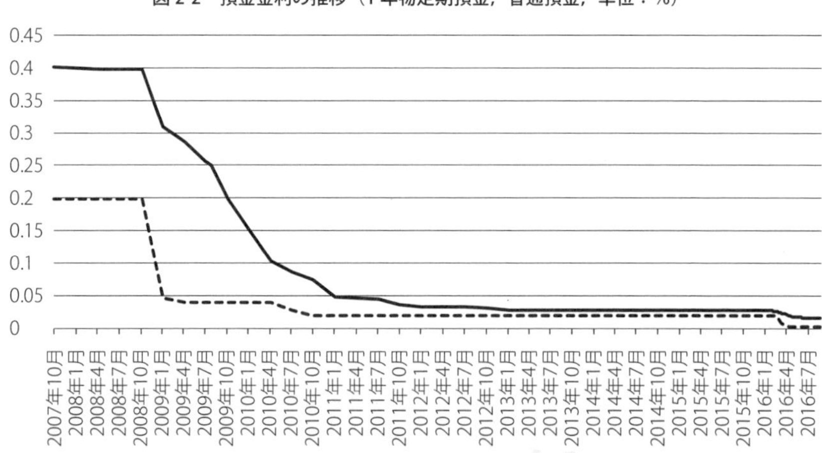

（注）図中の実線は定期預金 1 年物（1 千万円以上）の平均金利を，破線は普通預金の平均金利を表す。

（資料）日本銀行の公表データより筆者作成。

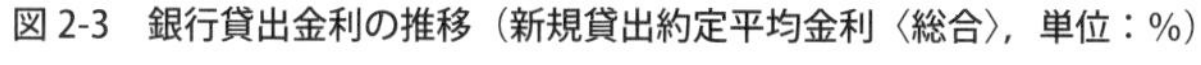

図 2-3　銀行貸出金利の推移（新規貸出約定平均金利〈総合〉，単位：%）

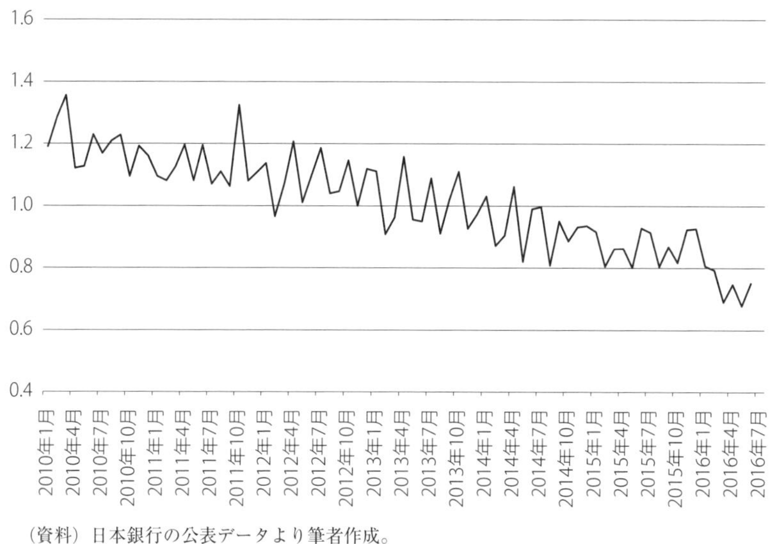

（資料）日本銀行の公表データより筆者作成。

（図 2-3）の動きをみると，マイナス金利政策の導入を境に，低下が一段と進んだものの，金利水準はなおプラスの領域にとどまっている。例えば，普通預金金利（平均値）をみると，2010 年 9 月以降 2016 年 2 月半ばまでの約 5 年半はずっと 0.02%であったが，マイナス金利政策の実施以降に低下が始まり，現在は 0.002%となっている。この変化は，金利水準が 10 分の 1 になったという意味では顕著であるが，金利変化幅は高々 0.018%ポイントと小幅であるというのも事実であり，その背景には，民間金融機関が小口預金者に対してマイナス金利を課すことを敬遠していることがある[4)]。この先も当面は，わが国の銀行が小口預金金利にマイナス金利を課すことはなさそうであるが，中長期的な視点で見ると，将来，市場金利のマイナス幅が一段と大きくなり，銀行がコスト転嫁を余儀なくされる状況となれば，小口預金を含め，マイナス金利の適用が広がっていく可能性を否定できない。

また，マイナス金利政策の導入による為替市場への影響についてみると，明確な円安圧力を生んだようには考えられない。図 2-4 には円／米ドル・レートの推移を示したが，2016 年 1 月の月中平均は約 118 円／米ドルであり，その

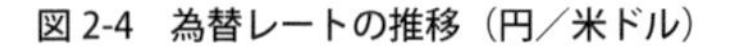

図 2-4　為替レートの推移（円／米ドル）

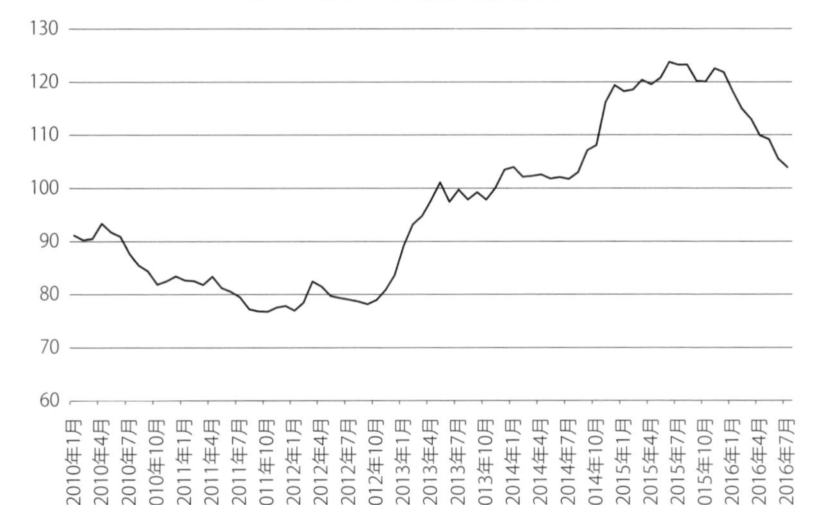

（注）東京インターバンク市場における円／米ドル・レートの月中平均値。
（資料）日本銀行の公表データより筆者作成。

後は金融緩和にもかかわらず円高傾向をたどり，2016 年 7 月の月中平均は約 104 円／米ドルとなっている。為替レートの変動要因は，金融政策だけではないことから，これだけのデータに基づきマイナス金利政策による円安効果を完全に否定することは適切でないが，少なくとも，為替市場に対する明確な効果は現れなかったと言える。

次に，実体経済面でマイナス金利政策の導入以降にどのような動きがあったかを見てみよう。ここでは，内閣府が公表する景気動向指数を確認すると（図 2-5），先行・一致・遅行指数のいずれも，2016 年上半期は横ばい圏内の動きであったことが分かる。こうした景気動向は，金融政策以外の外部要因（例えば，海外経済の影響など）からも影響を受けるため，マイナス金利政策の実体経済に対する効果を厳密に評価したことにはならないが，これまでのところ，マイナス金利政策が景気全体を押し上げるほどの効果を発揮するには至っていないと評価できる。一方で，リスク要因として指摘される金融仲介機能の低下が景気を下押しする可能性についても，これまでのところは顕現化していないようである。なお，物価面については，データの掲載は省略するが，景気面と

図 2-5　景気動向指数の推移（CI 指数，2010 年＝ 100）

（資料）内閣府の公表データより筆者作成。

同様に，マイナス金利政策が明確に物価を押し上げるには至っていない。

第2節　マイナス金利はどこまで拡大し得るか

前節でみたように，わが国のマイナス金利政策は，金融面で一定の影響力を持ったものの，実体経済面で明確な効果を発揮したとはまだ言えない。そうであれば，さらなる金融緩和を実施するために，政策金利のマイナス幅をもっと拡大すべきではないか，という議論もあり得よう。

しかし，大幅なマイナス金利を実現することは，実は簡単なことではない。本節では，この点を説明するが，結論を先取りすれば，紙幣（日本銀行券）のような額面価値の減価しない価値保蔵手段（以下，これを「現金」と呼ぶ）が存在している限り，ある程度の水準を超えて金利のマイナス幅を拡大することはできない。換言すれば，そのような制約を除去して，大幅なマイナス金利を実現させるには，極論ではあるが，現金を廃止することが必要になる。

1．小幅なマイナス金利と大幅なマイナス金利についての思考実験

まず，思考実験として，もしも家計に対する預金金利が -10％になったならば家計がどう行動するかを考えてみよう。銀行に預金をすると年率１割のペースで価値が目減りしていくというのは，多大なコストである。したがって，多くの家計は，預金をしないで，富を現金で保管しようと考えることだろう。なぜならば，現金は減価しないため，預金よりも有利だからである。もちろん，安全に現金を保管するには，堅牢な金庫を用意したり，場合によっては警備会社と契約したりとさまざまなコスト（以下，これを「キャリーコスト」と呼ぶ）が必要になるが，それが預金に伴うマイナス金利のコストより小さい限り，家計は預金を敬遠することになる。一方，もしも預金金利が -0.001％であったならばどうだろうか。100万円の預金が年率で10円減る程度の小さなコストであれば，現金保有に伴うキャリーコストを避けるための手数料のようなものだと割り切って，預金を続ける家計が多いのではないかと推察される。すなわち，キャリーコストを下回るマイナス幅の預金金利は成立し得る。

次に，民間金融機関の行動に関する思考実験を行おう。もしも金融政策金利（日銀当座預金の政策金利残高に対する付利金利）が -10％になったならば，金融機関はどのような行動を取るだろうか。まず考えられるのは，そのコストを部分的に転嫁するために，家計に対する預金金利をマイナス化させることであろう。ただし，上記のとおり，家計の預金金利のマイナス幅には限界がある。転嫁し切れないコストを回避するには，金融機関は，日銀当座預金への預入を回避したいところである。しかし，第１節で述べたとおり，日本銀行の現在の金融政策は，金融機関が日銀当座預金を回避するために現金保有へと逃避した場合にペナルティを課す仕組みを採っている。一方，非金融機関である法人等に対しては，日本銀行が現金保有を直接制御することは出来ない。そのように考えると，一つの可能性としては，金融機関が取引先優良企業等に依頼して形式的な「貸出」を行い，実態としては，その資金を同企業内に現金で安全に「保管」してもらうという取り決めを交わしておくことで，日銀当座預金を回避しようと試みるかもしれない。その際には，依頼先企業が多額の現金を保

管するためのコストが発生するだろうが，それは金融機関が負担することになろう（これは，金融機関にとっての「キャリーコスト」である[5)]）。このキャリーコストが相対的に小さければ，金融機関には日銀当座預金を回避するインセンティブが働く。法的な論点等はあろうが，いずれにせよ，大幅なマイナスの政策金利のコストを転嫁し切れない部分がキャリーコストを上回れば，民間金融機関は何らかの手段によって日銀当座預金からの回避を模索すると考えられる。

２．金融政策金利のマイナス幅の限界

上記の議論を踏まえると，理論上，金融政策金利のマイナス幅は，「家計のキャリーコストと民間金融機関のキャリーコストの和」を超えることはできないという結論に至る。この点について，あらためて数式で確認しておこう。

預金取引が成立するためには，預金金利 R_{Depo}（マイナス値）の逆符号は，家計の現金保有に伴うキャリーコスト C_H（プラス値）より小さくなくてはならない。すなわち，$-R_{Depo} < C_H$ が成立する。また，マイナス金利の金融政策のもとで，限界的な預金増加に伴って金融機関が被る限界的な損失は，金融政策金利 R_{CB}（マイナス値）の逆符号から預金者へのコスト転嫁に相当する預金金利 R_{Depo} の逆符号を差し引いたものであり，それが金融機関のキャリーコスト C_{FI}（プラス値）より小さくなくてはならない。なぜならば，その条件を満たさない場合には，前述のとおり，金融機関による日銀当座預金への預け入れが成立しなくなるからである。したがって，$-R_{CB} + R_{Depo} < C_{FI}$ が成立する。上記の２式を合わせると，$-R_{CB} < C_{FI} - R_{Depo} < C_{FI} + C_H$ となる。したがって，金融政策金利のマイナス幅（$-R_{CB}$）の制約条件として，

$$-R_{CB} < C_{FI} + C_H$$

が得られる。

ところで，家計や金融機関のキャリーコストがどの程度の大きさであるかを厳密に推定することは容易でない。ただし，前掲表2-1でみたように，欧州の中央銀行の中には，既に -1％程度の金融政策金利を実現させている事例がある。この点から推測すると，わが国でも，「$C_{FI} + C_H$」は少なくとも 1％程度

を上回っている可能性があると考えられる。

3．現金への逃避は遮断可能か

金融政策金利のマイナス幅がキャリーコストの合計値の範囲内に限られるという制約がある理由は，額面価値の減価しない現金が存在するからであり，そのため，預金から現金への逃避が発生し得るからであった。したがって，現金への逃避を遮断することが仮に可能であれば，原理的には，マイナス幅の制約を除去することができる。

ところで，ここまで「現金は減価しない」ということを前提にしてきたが，実は過去には，地域通貨として「減価する現金」が流通した事例もある。最も良く知られているのは，ゲゼル・マネーである。これは，Gesell（1916）の提案した考え方に即して，1932年から33年にかけてオーストリアのヴェルグルという町で発行された地域通貨である。その通貨は，額面価値の1%に相当する有料の印紙（スタンプ）を毎月貼っていかないと効力を失ってしまうという仕組みになっていて，スタンプ・スクリップと呼ばれた。年率12%のペースで通貨が減価する性質があったわけで，それは，預金に-12%の金利が課されるのと同じ規模の保有コストが発生していたことを意味する。その町の人々は，通貨の保有に伴う減価を嫌ったため，手に入れた通貨はすぐに使われ，流通速度が高速化し，それが需要を喚起して経済が活性化した。この地域通貨は，中央銀行の発行によらない「擬似通貨」であったため，その流通は長続きしなかったが，マイナス金利の金融政策に期待されているのと同様のメカニズムの景気押し上げ効果が発現したことが記録に残っている[6)]。

もっとも，さまざまなコストを考えると，現代社会で通貨としてスタンプ・スクリップを発行・管理することは非現実的であろう。この点，Buiter（2009）をはじめ，経済学者の中には，現金を全面的に電子的な決済手段（クレジットカードやデビットカードなどのほか，中央銀行が電子通貨を発行する可能性なども含む）へと代替させることを提唱する意見がある[7)]。もしそれが実現すれば，減価しない現金（紙幣など）は消滅することとなるから[8)]，本節1～2項で論じたような「現金への逃避」が不可能となり，金融政策金利のマイナス幅の制約が消滅する。したがって，理論上，中央銀行は金融緩和の自由度を格段に増強することが可能になる。

現時点においては，金融システムの中で決済手段としての現金の役割はなお大きいと考えられるため，近い将来にわが国で現金が全く存在しない世界が現れるとは想像しにくい。しかし，長期的に将来を見通せば，電子的な決済手段の技術（セキュリティ技術を含む）がさらに進歩して利便性が高まっていき，従来の現金を廃止するコストとリスクが相対的に小さくなっていく可能性は十分にある。その場合は，上記のとおり，決済システム改革が金融政策の自由度増強をもたらすことになる。

結び　～マイナス金利の金融政策は常態化するのか～

本章では，日欧の中央銀行がマイナス金利政策の導入により，経済・物価の安定を目指して奮闘している状況を見てきた。日本のデータで見る限り，金融政策は目標達成に向けた道筋の途上にあるように思われ，この先も当面はマイナスの政策金利が続く可能性が高いと思われる。

では，より長期的な視点で考えた場合，マイナス金利の金融政策は常態化したり，繰り返されたりするのだろうか。それとも，現在のマイナス金利政策は一時的で異例なものなのだろうか。

日本を含め先進各国では，過去に比べて産業が成熟化し，人口動態は勢いを失い，経済成長率が低位にとどまる状況が続いている。Summers（2014）は，そのような低成長期がこの先も長く続くことを予想している（長期停滞論〈secular stagnation〉）。仮に，その仮説が現実となれば，経済実勢に見合った均衡実質金利（自然利子率）もこの先低位にとどまることになる。この場合，景気循環に伴い，実質金利は低位の均衡水準を中心に上下することになり，景気後退期に中央銀行が金融緩和を強化しようとすると，金融政策金利をマイナス圏に低下させなくてはならない状況がしばしば現れることだろう。また，景気後退が深刻な状況となれば，金利のマイナス幅を大幅に拡大することが望まれる可能性があり，「現金への逃避」の問題が大きな障害と認識され得る。

私たちの今後の経済に長期停滞論が当てはまるのかどうか，現時点でコンセンサスは得られていないが，その主張に傾倒する専門家は増えつつあるように思われる。また，マイナス金利の金融政策の効果と副作用に関する検証は，まだ十分になされているわけでないが，低成長経済における金融緩和強化の手段の一つとして重要な選択肢であることは間違いない。したがって，長期的視点からは，将来の決済システムのあり方（特に，現金の存続について）を大局的に議論しつつ，より効果的なマイナス金利政策の将来像を描き始める段階に近付いているように思われる。

【注】

1）欧州で導入されたマイナス金利の金融政策の内容や，その金融市場への影響等については，中野等（2016）を参照。

2）日本銀行によるマイナス金利政策の導入前までは，民間金融機関が所要準備を超えて日本銀行に預け入れた超過準備に対しては，+0.1％の金利が適用されていた。

3）より厳密に議論すれば，中長期金利の決定要因は，将来の期待短期金利のほかに，中央銀行オペの影響や，投資家の需要動向などにも左右される。植田（2015）は，それらの要因も含めて，マイナス金利の出現に関する考察を行っている。

4）欧州各国においても，日本と同様に，これまでのところ，家計向けの小口預金の金利がマイナスになった例はほとんど見られない。一方，欧州では，機関投資家や企業向けの大口預金の金利がマイナス化する事例が現れている。また，預金金利の引き下げ以外に，銀行収益の悪化を抑制する観点から，銀行が各種の手数料（例えばATM利用料）を引き上げる事例も現れている。

5）金融機関のキャリーコストとしては，資金を安全に「保管」してもらうために「貸出先」に支払う手数料のほかに，そのような行動を取ることによって中央銀行や金融庁などの公的機関との関係が損なわれてしまうコストなど，間接的な費用も含まれると考えられる。

6）その時代の著名な金融経済学者であるアーヴィング・フィッシャーは，この地域通貨をスタンプ・スクリップ（stamp scrip；印紙紙幣）と呼び，経済学的にみて，景気押し上げ効果が存在することを示した。Fisher（1933）を参照。

7）マイナス金利の金融政策に関連した現金のあり方について，わが国における議論で比較的初期のものとしては，Fukao（2005）がゲゼル・マネーの現代版とも言うべき「銀行券印紙課税」の導入を主張し，渡辺・岩村（2004）がゲゼル型マネーの活用によって金融政策金利のマイナス幅にかかる制約を除去することを議論している。また，岩田等（2016）は，同様の観点から内外の先行研究のサーベイを行ったうえで，「キャッシュレスエコノミー」に向けた技術革新についても論じている。

8）クレジットカードやデビットカードなどによる決済は，預金の振替を通じて行われるため，マイナス金利が効果を持つ。また，電子通貨では，技術的に，一定の速度で額面価値を減価させていくことが可能であると考えられ，その場合，マイナス金利と同様の効果が生まれる。

【参考文献】

Buiter, Willem H. (2009), "Negative Nominal Interest Rates: Three Ways to Overcome the Zero Lower Bound," NBER Working Paper Series No. 15118.

Fisher, Irving (1933), *Stamp Scrip*, Adelphi Company, New York.

Fukao, Mitsuhiro (2005), "The Effects of 'Gesell' (Currency) Taxes in Promoting Japan's Economic

Recovery," Discussion Paper Series No. 94, Institute of Economic Research, Hitotsubashi University.

Gesell, Silvio (1916), *Die Natuerliche Wirtschaftsordnung*, Rudolf Zitzman Verlag, available in English as *The Natural Economic Order*, Peter Owen Ltd., London, 1958.

Summers, Lawrence H. (2014), "Low Equilibrium Real Rates, Financial Crisis, and Secular Stagnation," Chapter 2 of *Across the Great Divide: New Perspectives on the Financial Crisis*, edited by Martin Neil Baily and John B. Taylor, Hoover Institution Press, Stanford.

岩田一政・左三川郁子・日本経済研究センター編著（2016),『マイナス金利政策―3次元金融緩和の効果と限界』日本経済新聞出版社。

植田和男（2015),「マイナス金利出現の意味（上)：市場，長期停滞見越す」経済教室，日本経済新聞，2015年5月27日。

中野章洋・八木智美・建井秀史・渡邊真一郎・高田英樹（2016),「欧州におけるマイナス金利政策と短期金融市場の動向」日銀レビュー，2016-J-2，日本銀行。

渡辺努・岩村充（2004),『新しい物価理論―物価水準の財政理論と金融政策の役割』一橋大学経済研究叢書，岩波書店。

(小田信之)

第3章

難民・移民問題と国際秩序の揺らぎ

—EU が直面する課題を中心に—

はじめに

2015 年末の統計で，迫害，紛争，人権侵害等により避難を余儀なくされた者は世界全体で 6530 万人にのぼる。このうち，2130 万人が難民として他国に逃れた者であり，4080 万人が国内避難民，320 万人が庇護申請者である。こうした人々は，「シリア内戦」を契機に急増しており，2015 年単年でも 1240 万人が新たに避難を強いられた。国連難民高等弁務官事務所（UNHCR）の権限下にある 1610 万人の難民のうち，86％はいわゆる開発途上国での避難を余儀なくされ，内 420 万人は後発開発途上国で難民として庇護を受けているのが世界の現状である[1)]。住み慣れた土地を離れざるを得ない苦境に加え，新天地においても厳しい生活環境に置かれる人々が後を絶たず，国際的な人道支援も不足している。難民問題の恒久的解決には，定住，再定住，自発的帰還などがあるが国際社会全体で負担を分担しなければ解決できない。また，難民・移民[2)]問題は，安全保障，政治，経済，人権，開発，保健，福祉等多分野に関わり，一国内のみならず国際的な法制度にも影響を及ぼし多面的な取り組みを必要とする。本章では，難民の現状を整理するとともに，特に欧州に着目し，難民の大量流入が欧州連合（EU）秩序にどのような影響を及ぼしているかを考察することとする。

第1節　難民の現状

1．難民出身国の現状

世界の難民の54％はシリア，アフガニスタン，ソマリアの3カ国を出身国としており，以下，南スーダン，スーダン，コンゴ民主共和国，中央アフリカ共和国，ミャンマー，エリトリア，コロンビアと続く。

シリアを出身国とする難民は490万人にのぼり，多くは周辺国に逃れており，トルコ（250万人），レバノン（110万人），ヨルダン（62万8200人），イラク（22万4600人），エジプト（11万7600人）の順となっている[3]。シリアの国内避難民は660万人にのぼる[4]。シリアは，1918年オスマン・トルコより独立，1920年にフランスの委任統治領となるが1946年に独立を果たした。アラブ人が90％を占め，クルド人やアルメニア人なども居住する。宗教はイスラム教スンニ派が74％を占め，アラウィ派などの宗派が16％，キリスト教が10％の構成となっている。2010年，チュニジアで起こった「アラブの春」の影響を受け，2011年3月，反政府デモが発生し，その後武力衝突に発展，政府軍と反政府軍による内戦へと拡大し，さらに「イスラム国（IS）」がイラクのみならずシリアにも拠点を置き，勢力拡大を図り，戦闘は混迷を深めている。これに対し，アサド政権を支持するロシア，アメリカを中心とする「有志連合」が空爆を行っている[5]。

アフガニスタンを出身国とする難民は270万人で，最大受入国は，パキスタン（160万人），イラン（95万1100人）である[6]。アフガニスタンの国内避難民は，120万人である[7]。アフガニスタンは，パシュトゥーン人，タジク人，ハザラ人など多民族で構成される。宗教はイスラム教で，主としてスンニ派だがハザラ人はシーア派である。バラクザイ王朝期の1880年，英国保護領となるが1919年に独立する。1979年12月ソ連の軍事介入，1989年ソ連軍が撤退，1992年ムジャヒディーン政権が成立するも，各派間の主導権争いにより内戦が継続した。1994年ごろからタリバーンが勢力を拡大，米国同時多発テロに端を発し，2001年10月より米・英等による軍事行動が開始され，その後安保理決議による多国籍軍，国連ミッションが展開することとなった。国際社会の支援を受け2004年に新憲法制定，大統領選が行われ国家再建を目指すが，現在も政情は不安定な状態が続いている[8)]。

ソマリアを出身国とする難民は112万人で，最大受入国はケニア（41万7900人），エチオピア（25万6700人）である[9)]。ソマリアの国内避難民は，110万人である[10)]。ソマリアは，ソマリ族，イスラム教の国で，1960年7月イタリア信託統治領および英領がそれぞれ独立，合併してソマリア共和国を形成した。1991年，バレ政権崩壊，内戦状態に突入し，いわゆる破綻国家となった。1992年，国連ソマリア活動（UNOSOM）が展開，米を中心とする軍事展開がなされたが1995年に完全撤退した。加えて，干ばつなどによる食料不足などもあり人道危機に陥っている。2005年に暫定連邦「政府」（TFG）が樹立するも不安定な情勢が続いているが，国際社会の支援を受け2012年に暫定憲法採択，大統領選出がなされ21年ぶりに統一政府が樹立した[11)]。

難民流出の多い国々は，長引く内戦状態にあるが，そうした状況を引き起こす原因は，植民地，委任統治・信託統治とそれらからの独立と発展の過程における大国の関与，国内の統治をめぐる民族的，宗教的対立，統治の機能不全，いわゆるテロ組織といわれる非国家主体の跋扈，経済的格差，貧困，自然災害等多岐におよぶ。国家の脆弱性が長期におよび，出口が見えない状況にあることが大量の難民を流出する国々の共通する特徴である。

2．欧州における難民受け入れの現状

上述のように，難民の受入国の86％は発展途上国であるが，その他は安住の地を求めブローカーの手引きを経るなどして先進国へたどり着き庇護申請を行う。近年，欧州をめざし大量の難民・移民が移動，2013年からその数は増加し始めたが，2014年のEU28カ国の新規庇護申請者数56万2680人から2015年には2倍以上の125万7030人と急増した[12)]。この現象は，出身国の内戦が長期化，近隣諸国での避難状況も悪化し生活の見通しが立たない中，地理的に近く歴史的つながりがあり，親族や同じ民族が多く移住している欧州で仕事を求め生活の安定を図りたいという人々の思いと，2015年9月以降のドイツを中心とする難民受け入れの表明が相まって生じたといえよう。2015

年，EU28カ国において，シリアからの新規庇護申請者数は36万3000人で全体の29%にのぼる。出身国別にみると，続いて，アフガニスタン（14%），イラク（10%），コソボ（5%），アルバニア（5%），パキスタン（4%）の順となる[13]。EUの中で新規庇護申請者数の最も多いのはドイツで44万1800人であった。続いてハンガリー（17万4435人），スウェーデン（15万6110人），オーストリア（1万255人），イタリア（8万3245人），フランス（7万570人），オランダ（4万3035人），ベルギー（3万8990人），英国（3万9720人），フィンランド（3万2150人）となる[14]。

以下，申請数の最も多いドイツ，2位のハンガリー，そして8位ながら地中海の航路の玄関口となるイタリアの現状を概観する。

ドイツは，ナチスドイツによる迫害の反省から，ドイツ基本法に庇護権を規定し，難民保護政策を積極的に取り組んできた。入国直後の生活支援や社会統合のための言語教育，職業教育プログラムも国家事業として取り組んでいる。また，経済発展のための移民労働者の受け入れにも積極的で，難民もまた労働力確保の側面から受け入れ歓迎とする見方もあった。メルケル首相は，シリア危機以後2015年に入り急激に難民が増加する中でも，積極的受け入れの方針を崩さなかった。しかし，事態の収束が見えず大量流入が続く中，市民の不安も高まり，反移民政策を掲げる政党の躍進がみられる[15]。ドイツ政府は近年の難民危機に対応するため，法改正等を行ってきた。2015年8月1日，滞在権および在留停止再定義法が発効した。同法は，安全な居住国からの申請者および複数回申請の場合の入国および在留禁止を命じる法である。また，同年10月24日庇護手続促進法，同年11月1日外国人未成年および青年の住居，ケアおよび待遇改善法が発効した。さらに，2016年2月3日，政府は庇護措置を制限する「庇護パッケージⅡ」に合意した。これは，庇護申請手続の迅速化，家族再統合の制限，庇護申請者および庇護付与者への支給額の削減，強制送還の促進，新連邦警察ユニット設置，アルジェリア，モロッコ，チュニジアを安全な出身国に指定すること等を含む[16]。また，同年5月には，新たな難民社会統合法ともいえる雇用，教育および訓練，永住権等に関する法案が提出された[17]。ドイツは依然として増加し続ける不正規移動者への対応に腐心し，難しい対応を迫られている。

ハンガリーは，トルコ・ギリシャを経由しEUをめざすいわゆる「バルカンルート」をたどる大量の不正規移動者に厳しい態度で臨み，同国南側国境，クロアチア間，セルビア間にフェンスを建設した[18]。また，2016年10月2日，EUが決定した加盟国間での難民受け入れ分担の是非を問う国民投票が実施され，受け入れ反対が98%を超える圧倒的多数であったが，投票率が規定の50%に及ばず無効となった[19]。

イタリアは，リビアやチュニジアから地中海を船で渡り欧州を目指すいわゆる中央地中海ルートを利用する不正規移動者の玄関口となっている。2015年，イタリアの庇護申請者の出身国別上位5カ国は，ナイジェリア，パキスタン，ガンビア，セネガル，バングラデシュとなっている[20]。2015年，中央地中海ルートを通ってイタリアに到着した者は，15万3946人で前年の17万760人より減少した。この主たる原因は，シリアからの密航者が東地中海ルートでのギリシャ入国に移行したためで，逆に，2015年の東地中海ルート利用者は88万5386人で前年の5万830人から急増している。中央地中海ルート利用者の出身国上位3カ国は，エリトリア，ナイジェリア，ソマリアで，東地中海ルートの上位3カ国はシリア，アフガニスタン，ソマリアである[21]。イタリアでは急増する不正規移動者の対応として，EUの対外境界線の管理強化，受け入れ重点6都市の諸手続の改善および収容施設等受け入れ状況の質の改善ならびに他のEU加盟国への移転といった措置が急がれている[22]。

3．難民・移民問題に対する多面的取組みの必要性

2016年9月19日，国連難民・移民サミットが開催され，「ニューヨーク宣言」が採択された。同宣言では，附属書Ⅰ「包括的難民対応枠組」および附属書Ⅱ「安全かつ秩序だった正規移動に関するグローバルコンパクトに向けて」も包摂している。難民・移民の大規模移動は，政治，経済，社会，開発，人道，人権といった様々な問題を有し，受入国および共同体を支援する国際協力が必要であること，大規模移動の管理の分配された責任を認識することとともに大規模移動の根源的課題に取り組むことを確認している。根源的課題の取組みとして，紛争予防，平和的解決，人道，開発，平和構築活動の調整，法の支配の促進，人権保護を含み，出身国の能力強化への取組みも掲げられている。

附属書Iでは，国際協力，負担・責任分担による難民の保護と支援および受入国の支援を確認し，恒久的解決，即ち，自発的帰還，定住，再定住を確認している。附属書IIでは，移住問題に関する政策およびイニシアチブは，現象の原因と結果を考慮する全体アプローチを促進すべきとしている。また，平和と安全の欠如および人権尊重の不足を伴う国際的な経済不均衡，貧困，環境悪化を国際移住の要因として掲げている。その上で，グローバルコンパクトに含まれる要素を列挙しているが，その中には，国境管理に関する国際協力，人身取引への対応等も含まれている[23)]。

同宣言には，数値目標や新たな具体的政策を盛り込まれたわけではなく，これまでのとられてきた政策の方向性の確認にとどまり，各国政府とも問題解決に資する具体的な負担を分担し，実効性のある政策を打ち出すには至らなかった。冷戦終結後，資本主義，民主主義，人権のグローバル化が進んだが，格差拡大，内戦，民族間の対立，重大な人権侵害といったマイナス要因も増加した。インターネットやSNSは，先進国の情報を拡散し，一握りの高度に発展した国の生活を享受したいと願う人々の移動を促すプッシュ／プル要因となっている。国連もまた上記の3つの価値のグローバル化をけん引してきたが，それにより生じるマイナス要因や人の移動に関連する諸問題の解決には苦慮しているのが現状である。難民条約に基づく認定制度は，政治的意見等個人のアイデンティティーに基づく被迫害者の保護を基軸としているが，前述のグローバル化を背景とした難民と移民が混在する今日的問題の解決には，多面的取組みを有効に組み合わせて対応する必要性がある。

第2節　EU秩序の揺らぎ

1．EUの出入国管理政策の変遷

国際機構の中でとりわけEUは国家間の統合を強く推進してきたが，ここでは，EUの出入国管理および庇護政策の位置づけとその変遷を概観する。

欧州統合構想の萌芽は，第一次世界大戦後の復興および平和への取組みの一つとして，1923年，クーデンホーフ・カレルギーの地域統合による欧州再生構想の提唱にみられる。これが具体化するのは，第二次世界大戦による欧州の荒廃と冷戦の始まりの中で欧州再興に向けた1950年の独仏の石炭・鉄鋼共同管理提案からである。1952年欧州石炭鉄鋼共同体（ECSC）設立，1958年欧州経済共同体（EEC），欧州原子力共同体（EURATOM）設立，1967年にこの3つが統合され欧州共同体（EC）が創設された。その間，欧州の植民地は続々と独立を果たし欧州経済に影響を与え，1970年代の経済危機，1987年の世界的金融恐慌，1989年冷戦終結に伴う東西ドイツの統一などを受け，欧州の経済的，政治的統合の機運が高まり1993年のEU条約（マーストリヒト条約）発効によりEUが発足した。EUの出入国管理政策はこの統合推進の一つの手段として構想されてきた。

出入国管理は，国家主権が最も表出する分野といって過言ではないが，欧州は，域内の経済活動の円滑化のため国境での検問を撤廃し，域内の人の移動の自由を確保することを優先させる政策に転換した。1985年シェンゲン協定は，2条において，その目的として域内国境での検問廃止と人の自由移動の促進を規定している[24)]。その他，対外国境管理，査証，第三国出身者の短期自由移動，滞在許可，庇護手続に関する法調整，警察・検察協力，シェンゲン情報システム等が規定されている。経済統合のため検問廃止を導入することに賛成ではなかったイギリス，アイルランドは同条約に批准していない。1990年採択のダブリン条約は，難民認定手続に関してEU内での複数回申請やたらいまわしを排除すべく，庇護申請の審査国を定めており，欧州域内で一度の申請の機会が与えられることとなった。また，シェンゲン協定により，人の自由移動が可能となる域内では，各締約国が他国で生活する可能性のある者の庇護審査も行うこととなり，難民審査の各国共通の基準が必要となった。機を同じくして，冷戦終結後の国連では「人権の普遍化」が唱えられ，庇護も人権規範を基準としたグローバルな問題解決の一手段として捉えられる潮流にあった。欧州において，冷戦期の他国の政治体制批判を背景とした庇護政策の意義は喪失したこともあり，外交上の考慮なしに「人の移動の自由」を基盤とした出入国管理政策の中に庇護政策が編成されることとなった。しかし，マーストリヒト条約においては，庇護政策は第三の柱である政府間協力に位置づけられており，域内安全保障確保の必要性から生じる協力とともに単一市場プロジェクトの付随的問題として扱われていた。その後，1997年に改正されたEU条約（アムステルダム条約）では庇護政策を第一の柱に移行し，ECの権限下で庇護政策の調和を図ることとなった。同条約63条下では，難民の受け入れおよび認定手続の最低基準に見合った措置をとることを目指すこととなった。欧州共通庇護制度（CEAS）は，1999年のタンペレで開催された欧州理事会で提唱され，その後のEU法体系の中で発展していくが，CEASは，難民保護とは別の要因，すなわち庇護申請者を移動の自由から排除するというEUの政治的制限に関連していた。CEAS関連の最初の指令は，2001年の一時的保護に関する指令であったが，2003年ダブリン指令，2004年資格指令，2005年庇護手続指令，2003年受入条件指令等は，難民条約とは別に国際的保護を必要とする人々の受け入れ，庇護申請手続，受け入れ態勢について，EU共通基準を設置することを定めている。2007年に改正されたEU条約（リスボン条約）3条2項では，「連合は，連合市民に域内境界のない，自由，安全及び正義の地域を提供する。そこにおいては，国境管理，庇護，移住及び犯罪の防止と撲滅に関する適切な措置と相まって，人の自由移動を保証する」と規定する。また，同条約6条1項は，2000年のEU基本権憲章が基本条約と同一の法的価値を有すると規定し，人権法内に難民の権利を位置づけることを含め，EU基本権憲章に定める権利，自由および原則を承認している。EU運営条約78条2項では，欧州議会および理事会は，通常の立法手続に従って，CEASに関する措置を採択するとし，庇護に関する7項目を列挙している。こうして，CEASはもはや最低基準にとどまらず，まさに欧州の「共通の」政策を加盟国に課すこととなった。2011年に新たな資格指令が採択され，2013年には改正受入条件指令，改正庇護手続指令，改正ダブリン指令，改正EURODAC指令が採択された[25]。このように，EUは，単一の域内市場，欧州の高い人権基準，自由，安全，正義の地域提供のための出入国管理政策とそれに連動した庇護法制度の中に，難民の国際的保護を確保する手法をとってきた。

2．移動の自由・共通庇護政策・対外境界線管理の見直し

今般の難民危機に際し，EUはシェンゲンおよびダブリン体制ならびに対外境界線管理を見直した。以下，各々の変更点を概観する。

2013年にシェンゲン体制改革を行い，加盟国によるシェンゲン国境指針（SBC）遵守の評価および基本的権利・移動の自由に関する域内国境の再導入に関する比例性，必要性および影響の評価を欧州委員会が行うこととなった。SBCは，例外的状況において域内国境管理の再導入を許可しているが，2013年の改革に伴い，一時的な国境の検問の基準や時間制限に関する規則を定め，委員会から理事会および議会への報告義務を含むアカウンタビリティーの増大を図り，対外境界線において重大な欠損が認められる場合，2年間の域内国境管理の再導入を許可することとしている[26)]。2015年9月以降2016年2月までに，SBCに基づきドイツ，オーストリア，スロベニア，マルタ，フランス，ハンガリー，スウェーデン，ノルウェー，デンマーク，ベルギーが国境管理を再導入した[27)]。

現行のダブリン体制は，2013年に採択されたいわゆる「ダブリンⅢ」に基づいている。主要な目的は国際的保護の認定手続の確保であり，法的にはそれを確保している。しかし，実行上は難民・移民の大量流入を受けて実効性を欠いており，認定手続はEUおよび国際的な基準を下回る事態がおきている。中東やアフリカからの大量の難民・移民のEUの玄関口となるギリシャおよびイタリアへ難民申請および手続が集中し，そこに滞留する人々の受け入れ態勢が整わず生活環境が劣悪となり欧州の高い人権基準を満たす状況にはないといった問題がある。ギリシャやイタリアにたどり着いた人々は，こうした状況に耐え兼ね他国へ移動し難民申請を行っても，ダブリン指令に基づき最初に登録した国へ送還されるが，欧州人権裁判所判例および自由権規約の個人通報事案において，この送還が非人道的取扱いであり条約違反としている[28)]。さらに，家族再統合や付き添いのない子どもの処遇に関しても大きな問題となっている。また，2015年9月に発足した移転スキームも失敗，EUの割り当てスキームも機能していない。その理由として，政策上庇護申請者の選択の余地がないため，庇護申請者からの協力がえられないこと，加盟国間の協力が不十分であること，EUの割り当てスキームの官僚的アプローチが非効率的であることが挙げられる[29)]。EU内の負担の不均衡を是正するため，2016年5月に欧州委員会がダブリン体制の改正を提案し，検討がなされている[30)]。しかし，さらに大量流入が続くことも予想され高い人権基準を保つのは容易ではなく，各国の負担も増大するためEUの苦境は簡単には解消しないであろう。

シェンゲン体制による域内の国境管理撤廃にともない対外境界線の管理が模索され，2004年に設立された欧州対外境界線運用協力管理機関（FRONTEX）は，欧州の対外境界線管理の促進，調整，発展を目的とし，共同オペレーション，訓練，危機分析，研究，迅速対応能力強化，加盟国の支援，情報システム等の任務を行ってきた。シリア内戦以降トルコおよびエジプト，リビア，チュニジア，アルジェリア，モロッコから地中海を密航船で欧州に向かう難民・移民があとを絶たず，地中海での対外境界線管理が大きな問題となった。2016年地中海から欧州に到着した人が33万1378人（2015年は101万5078人），死者は3930人に上った[31]。2016年9月に欧州境界沿岸警備機関（FORNTEX）に改組され，対外境界線の管理強化が図られることとなった[32]。

3．EU創設の理念・意義の揺らぎ

リスボン条約発効以後，統合強化を推進すべく法規範および制度の改正を進めていた矢先に大量の難民・移民の流入により逆行現象がみられる。上述のとおりシェンゲン・ダブリン体制の機能不全に加え，イギリスのEU離脱も象徴的なできごとである。欧州の価値としての人権もEU体制の中で矛盾を抱えている。2016年3月のEU・トルコ合意は，トルコからギリシャへの不正規移動者をトルコに送還するのと引き換えにトルコの難民への支援，トルコ人へのEUビザ緩和等を行うこととしていた[33]が，欧州の人権基準に照らし安全な国とはいいがたいトルコへの送還は難民条約，人権条約，EU法にも抵触することが危惧される内容であり，同年7月のトルコのクーデターにより当該合意の破棄が懸念される状況である。今般の難民問題は，欧州が培ってきた人権・人道の理念，市場経済システム，主権国家体制，国際機構による統合制度を揺るがせ再考をせまっているようにみえる。

おわりに

欧州で起こっている難民問題は世界全体の一部分であって，途上国が抱える

難民問題に目を転じればさらに厳しい暮らしにさらされる人々の現実がある。しかし，EU 秩序の揺らぎは欧州域内のみならず国際社会全体に大きな影響を及ぼす。グローバル化のマイナスの影響により移動を余儀なくされた人々の安住の場所を確保するには，各国内の統治の健全化が必須であるが，各国が分断，孤立化する中ではなしえない。難民・移民問題の解決のため，今後の世界秩序の方向性と現実を見据え妥協点をさぐる国家間の対話の積み重ねは必須である。難民流出国の惨状および統治能力の欠如の状態と受入国側の対応能力欠如および疲弊の中で，人々の生命と尊厳のための協力体制を構築しうるのか，各国家ひいては国民の意思が問われており，解決には長く厳しい道のりが続くが今後の展開に注目していきたい。

【注】

1）See, UNHCR (2016), *Global Trends 2015*, pp. 2-3, 6.

2）難民とは広義には，危険を逃れるため住み慣れた土地を離れ他国へ渡らざるをえない出身国の保護の欠如又は拒否状態にある人をさす。各条約によって定義が異なるが，難民条約1条A (2) では「…人種，宗教，国籍若しくは特定の社会的集団の構成員であること又は政治的意見を理由に迫害を受けるおそれがあるという十分に理由のある恐怖を有するために，国籍国の外にいる者…」をいう。また在留資格が異なる補完的保護制度を設置する国もあり，主に拷問等禁止条約3条，自由権規約6条および7条の適用による保護措置を行っている。移民とは，正式な定義はないが，居住国を変更する者で短期または一時移住者および永住者とは区別される。また，難民とも区別される。移民は留学や就労といった目的での自発的移住者をさし，難民は非自発的移住者で保護を必要とする者をさす。しかし，移住を決意する要因が難民と移民の両方の定義に関わる場合がある。See, A/70/59, para. 12: UNHCR "Refugees and migrants: frequently asked questions," (2016) (http://www.unhcr.org/news/latest/2016/3/56e95c676/refugees-migrants-frequently-asked-questions-faqs.html, as of 28, November, 2016).

3）See, UNHCR, *supra*, 1), p. 16.

4）See, *Ibid*., p. 30.

5）外務省ホームページ (http://www.mofa.go.jp/mofaj/area/syria/data.html, 2016 年 10 月 21 日閲覧) 参照；See, BBC (2016), "Syria: The Story of the Conflict" (11, March, 2016) (http://www.bbc.com/news/world-middle-east-26116868, as of 21, October, 2016).

6）See, UNHCR, *supra*, 1), p. 16.

7）See, *Ibid*., p. 31.

8）外務省ホームページ (http://www.mofa.go.jp/mofaj/area/afghanistan/data.html, 2016 年 10 月 21 日閲覧) 参照。

9）See, UNHCR, *supra*, 1), p. 17.

10）See, *Ibid*., p. 31.

11）外務省ホームページ (http://www.mofa.go.jp/mofaj/area/somalia/data.html, 2016 年 10 月 21 日閲覧) 参照。

12）See, Eurostat (2016), Asylum and first time asylum applicants by citizenship, age, and annual

aggregated data (Rounded) (05, October, 2016) (http://appsso.eurostat.ec.europa.eu/nui/show.do?dataset=migr_asyappctza&lang=en, as of 12, October, 2016).
13) See, Eurostat (2016), Asylum statistics (http://ec.europa.eu/eurostat/statistics-explained/index.php/Asylum_statistics, as of 12, October, 2016).
14) See, Eurostat, *supra*, 12).
15) See, Reuters (2016), "German anti-immigrant AfD party gets 16 percent, highest ever, in new poll" (22, September, 2016) (http://www.reuters.com/article/us-germany-election-poll-idUSKCN11S2PP, as of 28, October, 2016).
16) See, Library of Congress (2016), Refugee law and Policy: Germany (https://www.loc.gov/law/help/refugee-law/Germany.php, as of 23, October, 2016).
17) See, DW (2016), "Merkel presents new refugee integration law as "milestone" (25, May, 2016) (http://www.dw.com/en/merkel-presents-new-refugee-integration-law-as-milestone/a-19281722, as of 23, October, 2016).
18) See, Theguardian (2016), "Hungary's PM plans 'more massive' fence to keep outmigrants" (26, August, 2016) (https://www.theguardian.com/world/2016/aug/26/hungarys-pm-plans-more-massive-fence-to-keep-out-migrants, as of 28, October, 2016).
19) See, The Huffington Post (2016)「ハンガリー国民投票が不成立　難民受け入れ反対が98%」(2016年10月3日)(http://www.huffingtonpost.jp/2016/10/02/hungary-referendum_n_12302684.html, 2016年10月23日閲覧) 参照。
20) See, Eurostat, *supra*, 13).
21) See, Frontex (2016), Central Mediterranean route (http://frontex.europa.eu/trends-and-routes/central-mediterranean-route/, as of 23, October, 2016; http://frontex.europa.eu/trends-and-routes/eastern-mediterranean-route/, as of 23, October, 2016).
22) See, Eurpoean Commission (2016), "Managing the Refugee Crisis Italy: State of Play Report" (http://ec.europa.eu/.../italy_state_of_play_report_en.pdf, as of 23, October, 2016).
23) See, A/71/L.1, pp. 2-3, 17-25.
24) シェンゲン条約はアムステルダム条約の際, 同付属議定書に編入されEU法の一部となった。
25) See, Vincent Chetail, Philippe De Bruycker and Francesco Maiani (2016), *Reforming the Common European Asylum System*, Nijhoff, pp. 3-38; 岡部みどり編 (2015)『人の国際移動とEU』法律文化社, 15-26頁参照。
26) See, European Parliament Directorate-General for Internal Policies Policy Department C: Citizens' Rights and Constitutional Affairs Civil Liberties, Justice and Home Affairs (2016), "Internal border controls in the Schengen area: is Schengen crisis-proof?" pp. 8-11.
27) See, *Ibid*., pp. 15-17.
28) See, M.S.S. v. Belgium and Greece (Application no.30696/09) 21, January, 2016; Warada Osman Jashin v. Denmark (CCPR/C/114/D/2360/2014) 22, July, 2015.
29) See, European Parliament, Directorate-General for International Policies Policy Department C: Citizens' Rights and Constitutional Affairs (2016), "The Reform of the Dublin III Regulation," pp. 11-16.
30) See, European Commission (2016), "The Reform of the Dublin System"; European Parliament, *Ibid*., pp. 6-8.
31) See, UNHCR (2016), "Mediterranean" (http://data.unhcr.org/mediterranean/regional.php, as of 28, October, 2016).
32) See, Frontex, "Legal Basis" (http://frontex.europa.eu/about-frontex/legal-basis/, as of 20,

October, 2016)；European Parliament (2016), "Management of External Borders" (http://www.europarl.europa.eu/atyourservice/en/displayFtu.html?ftuId=FTU_5.12.4.html, as of 18, October, 2016).

33) See, European Commission (2016), "EU-Turkey Statement: Questions and Answers" (http://europa.eu/rapid/press-release_MEMO-16-963_eu.htm, as of 06, January, 2016).

【参考文献】

Chetail, Vincent, De Bruyeker, Philippe and Maiani, Francesco eds. (2016), *Reforming the Common European Asylum System*, Nijhoff.

Gammeltoft-Hansen, Thomas and Hathaway, James C. (2015), "Non-Refoulement in a World of Cooperative Deterrence," *Columbia Journal of Transnational Law*, Vol. 53, No. 2, pp. 235-284.

アフシン・モラビ（2016）「創刊30周年特別企画国際情勢入門中東編」『ニューズウィーク日本版』31巻10号，25-45頁。

エマニュエル・トッド著／堀茂樹訳（2016）『問題は英国ではない，EUなのだ』文春新書。

遠藤貢（2015）『崩壊国家と国際安全保障―ソマリアにみる新たな国家像の誕生』有斐閣。

岡部みどり編（2015）『人の国際移動とEU』法律文化社。

黒木秀充編著（2013）『シリア・レバノンを知るための64章』明石書店。

嶋田晴行（2013）『現代アフガニスタン史―国家建設の矛盾と可能性』明石書店。

中東調査会（2013）「特集：シリアを取り巻く国際関係―錯綜する各国の思惑」『中東研究』516号。

墓田桂（2016）『難民問題』中公新書。

（川村真理）

第4章
多国籍企業の課税逃れ：タックスヘイブン対策

はじめに

スターバックス社やアップル社といった多国籍企業が課税逃れをしているとして，欧米諸国において議会や市民の批判の的になり，アップル社などは自主的な納税を余儀なくされている。他方で多国籍企業や政治家などの課税逃れを暴露したパナマ文書が2016年4月に公開され，多国籍企業やタックスヘイブンに対する批判が一層高まった。

本章では，多国籍企業が課税逃れに利用しているタックスヘイブンについて，その本質を明らかにするとともに，起源となる重要事項とその進展の過程を明らかにしたうえで，タックスヘイブン対策について各国の取組みと成果について分析する。

タックスヘイブンは租税回避地といわれ，税負担を軽くしている場所ととらえがちであるが，深刻な問題は，国際的な金融センターとしての役割である。タックスヘイブンは秘匿資金をかくまう場所であり，その税制や法制において透明性に欠け，実質のない経済活動を許しているほか，外国との実質的な情報交換が行われていないことが重要な問題である。

これらの仕組みは，19世紀の米国国内における企業登録誘致に始まり，20世紀初めに整った英国の独特な企業課税制度を利用しながら，1930年代に進展したスイスの銀行制度の秘密保持原則を土台にして発展してきた。金融センターの視点でみると，英米の国際金融上の競争からオフショアセンターを生み出し，これを先進各国は金融自由化のもとで積極的に進展させてきたことが大きく後押しした。これに対して，国際社会は小国のタックスヘイブンに照準を合わせて，情報交換等に応じる約束をさせたものの，多くの施策は実質的効果を持たなかった。

これを教訓にして現在BEPSプロジェクトの取り組みが，多国籍企業による利益移転への対応策を中心に世界的に繰り広げられている。また多数の国の参加を得て金融口座の自動的情報交換の仕組みも進展を見せている。他方ピケティとズックマンは，長い眼で見てタックスヘイブンを封じ込める策が必要とし大胆な提言を明らかにしているが，その中ではあらゆる手段を動員していかないと対処できないことを示唆している。

第1節　多国籍企業の課税逃れとパナマ文書

1．英国議会による追求と不買運動

世界各地に拠点を持つ多国籍企業は，法人税率の低い国に利益を集めるようにして，納税額をできるだけ低く抑える課税逃れが目立つようになった。近年，欧州では「多国籍企業の租税回避策に対する批判が根強く，行政によるチェックや法規制を世界に先駆けて進めてきた経緯がある」といわれる1)。

2012年11月に英国議会は米スターバックス社幹部を公聴会に呼んで追求した。同社は1998年に英国に進出して以来，納税額が累計860万英ポンドにとどまっているとされた。これは割高のコーヒー豆をスイスの子会社経由で購入し，商標権使用料をオランダの拠点に支払うなどして，英国における利益を圧縮して納税額を減らしてきたとされている。こうしたメディア報道や議会での批判を受け，市民による不買運動が起きるなど反発が強まったことから，2012年12月に米スターバックス社は，2000万英ポンドの法人税を2014年までに自発的に納付すると約束した2)。フランスでもルクセンブルクなどに利益を移転させているとして，アマゾン・ドット・コム社などへの批判が強まった3)。

2．米国議会による追求と報告書作成

他方，米国連邦議会上院は2013年5月，米アップル社の最高経営責任者を呼び，米国での納税回避を追及した。議会が公表した報告書によると，アップ

ル社は2009年から2014年にかけて740億ドルの海外利益をアイルランドに集め，米国における課税を逃れたと指摘した[4)]。この節税策は２つのアイルランド法人と１つのオランダ法人を利用した仕組みであることから「ダブル・アイリッシュ・ダッチ・サンドウィッチ」とよばれている[5)]。

３．パナマ文書の公表

2016年４月には，タックスヘイブンの利用実態を明らかにした「パナマ文書」が公表された。世界各国の有力政治家や経済人による節税実態が明らかにされ，アイスランド首相やスペインの閣僚が辞任に追い込まれるなど欧州政界を大きく揺るがした。この情報は，パナマの法律事務所「モサック・フォンセカ」から流出した膨大な顧客データに基づくもので，各国メディアで構成する「国際調査報道ジャーナリスト連合（ICIJ）」が報じた。５月上旬には，事業の実態のないペーパーカンパニーを中心に21万社の情報が公開された。パナマ文書の公開を機に，各国の富裕層らによる節税の実態に対する不満が世界的に広まった。

パナマ文書の評価について，調査報道の面からは高い評価をうけているが，明らかにされた実態はあくまで氷山の一角といえるもので，これにより国際的租税回避の全容が雪崩を打って明らかになる可能性は少ない。ただ，後述する金融口座についての自動的情報交換が進展を見せるなかで，国際的租税回避への対応策にとって追い風となるものと考えられる。

第２節　タックスヘイブンとは何か

１．タックスヘイブンの何が問題か

タックスヘイブン（tax haven）は，日本語では租税回避地とよばれる。ヘイブンは，避難場所という意味であり，天国を意味するヘブン（heaven）ではない。タックスヘイブンとは一般には，特定の所得に無税または極めて低い税率を適用する国・地域を指すとされる。その多くは，カリブ海や欧州の小国であるが，先進国においても投資所得に税の軽減などを行っており，単一の定

義を与えることは簡単ではない。

タックスヘイブンとよぶので，税金にだけ焦点が当たってしまうが，現代においてタックスヘイブンの意義は，脱税や資金洗浄（マネーロンダリング）に関わる現象だけでなく金融センターとしての実質的な意義にも注目すべきといえる。しかも，投資関連や保険の業務だけでなく，海上輸送（船舶船籍），オンラインゲームの拠点としても世界的に大きな役割を果たしている。

1981年に米国の財務省に提出された「ゴードン報告」ではタックスヘイブンを包括的に分析したうえで，「ある国をタックスヘイブンと認定するための明確で客観的な，いかなる指標も存在しない」としている。タックスヘイブンは多様であり，日々進化している存在といえる。

税制に焦点をあてて考えた場合，経済協力開発機構（OECD）の「有害な租税競争」報告書（1998年）は，タックスヘイブンの識別基準として，①無税または名目的課税であること，②外国と実効性ある情報交換を行っていないこと，③税制を含む法制の透明性が欠如していること，④誘致している経済活動に実質的活動を求めていないこと，の4点を定めている。ここでは，タックスヘイブンの判定に当たり，税負担の低さだけでなく，情報の入手しやすさや制度が透明であるかについても考慮対象にしていることが重要である[6)]。

2．どの国がタックスヘイブンか

タックスヘイブンに該当するかどうかの判定について，かつては次のいずれかが採用されていた。ブラックリスト方式（該当する国または地域を掲げる方式）またはホワイトリスト方式（該当しない国または地域を掲げ，それ以外の国または地域をタックスヘイブンとする方式）であった。日本ではタックスヘイブン対策税制においてはブラックリスト方式により軽課税国を指定していた。1992年税制改正により，指定漏れの結果から生じる課税上の不公平を避けるために個別指定制度を廃止して，法人の所得に対して課される税が存在しない，または税率が25%以下[7)]である国・地域，という客観的基準方式をとるようになった。

タックスヘイブンとして今日，国際的によく挙げられる国は，カリブ海にあるケイマン諸島や英領バージン諸島，英仏海峡にあるジャージーやガーンジー，大西洋のバハマ諸島，地中海のキプロス，欧州大陸にあるリヒテンシュタイン，ルクセンブルクやモナコ，アメリカ大陸にあるパナマ，インド洋にあるセイシェルなどである。

3．タックスヘイブンが財政に与える影響

タックスヘイブンには税源が流出していると考えられているが，その失われた税収について規模を正確にとらえることはできない。米国議会調査局（CRS）の報告書によれば，米国では年間1000億ドル（2007年の税収総額の3.4%）の税収が失われているとされ，米国の多国籍企業の利益移転による税収減としてみると，推計により値が異なるが100億ドルないし900億ドルといわれ，この水準は近年著しく増加しているという[8)]。ズックマンは最新のデータを用いて多国籍企業の利益移転による減収額を推計しているが，世界全体では540億ドルないし1330億ドルに上る（2013年）という[9)]。

Tax Justice Network報告書では，1970年代から今日まで7.3兆ドルないし9.3兆ドルの秘匿資産が蓄積されており，2010年時点で210億ドルないし320億ドルの税収減になると推計している[10)]。このようにおびただしい金額が課税逃れにより税収減少をもたらしている。これは多国籍企業に限らず，個人富裕層においても広まっている。

第3節　タックスヘイブンの起源と発展の経緯

1．登記企業の誘致

パランらの『タックスヘイブン』[11)]によってタックスヘイブンの起源をたどると，課税を逃れるために金融資産を隠匿しておく場所として，古代のギリシアやローマの時代にまでさかのぼることができる。しかし重要な出来事は，19世紀に国家主権が明確になり，国際的な資本移動が進んだことから，この2つの重要事項を両立させるために，オフショア経済が編み出されたことである。すなわち，国内法が適用されない地域であって，財や資本の国際的移動を妨げない場所が求められた。

オフショア経済の誕生には次の3つの出来事が重要な契機となる。

第1が税負担の軽減を誘因にして企業を引き寄せる方法が始まったことである。米国では企業の登記が義務化されていたが，企業所得に対する課税は1846年にようやく始まった。1880年代には，大企業の本社はニューヨーク州とマサチューセッツ州に集中するようになっていたが，当時財政難に直面していたニュージャージー州，さらにデラウエア州は企業課税に上限を設けることにより会社の移転を促し税収増を図った。とりわけデラウエア州は，登記企業の誘致に成功をおさめ，今日でも米国の上場企業の約半分がデラウエア州に本社を置くようになった。

2．課税対象法人を判別する管理支配地主義

第2は，税金対策のための企業登記が国際的に広がったことである。企業所得の課税を，企業を登記している場所とは別に，企業経営の実質が所在する国の課税制度に従うものとするとの判断を，1876年に英国の裁判所が下した。この原則が，1901年にダイヤモンドの多国籍企業であるデビアス社の課税問題にも適用され改めて注目された。デビアス社については，南アフリカに登記されていても，企業経営の実質はロンドンで行われているとして，英国の税制度に従うものとした。1929年に裁判所は，英国に登記した多国籍企業であっても，外国で取締役会を開催することにより，英国の課税制度に従わなくてよいとの判断を示した。裁判所によるこの決定により，英国をタックスヘイブンにするという道をつくったといわれる。

3．銀行の秘密保持原則

第3は，銀行の秘密厳守が強化されたことである。1934年に制定されたスイスの銀行法は，古くから存在していたスイスの銀行の秘密厳守を踏襲し，その違反を刑事罰の対象とすると定めたことで，スイスの銀行の秘密保持の原則を強固なものにした。第一次世界大戦後に欧州各国において金融資産課税が始まったことから，スイスは両替の自由と銀行の秘密保持を売り文句にして積極的に外国資金を引き寄せてきた。世界大恐慌のもとフランス政府が脱税摘発を強化する中で，スイスの銀行にも類が及ぶのではとの懸念から預金の流出が始

まったために，スイスの1934年の銀行法はかえって秘密保持の強化に向かったといわれる。

4．オフショア金融市場の進展

タックスヘイブンは，1960年代になり，個人の富裕層や多国籍企業による租税回避地から機能を一変させた。1957年にロンドンにおいて，非在住者同士による外国通貨での金融取引について，規制を一切受けないことをイングランド銀行が認めたからである。こうしてロンドンにおいてユーロドルが取引されるようになった。自国の通貨が自国の域外で金融取引される場合にユーロ通貨とよんでいる。ロンドンは米国の国外であるので，ここで金融取引されるドルはユーロドルということになる。

第二次世界大戦後に世界の基軸通貨の地位を，ドルに奪われた英ポンドにとって，ロンドンの金融街シティを世界一の国際金融市場に仕立てることを英国は目指したといわれる。

英国の動きに対して，米国政府は，1964年に資本流出を規制する目的で利子平衡税を設けたが，低金利を嫌った資金が米国外に流出したことから，ロンドンのユーロドル市場がかえって拡大することになった。米国政府はユーロドル市場の抑え込みが困難になったと判断し方針転換のうえ，自らも規制の弱いオフショア金融市場（IBF）を1981年に設けた。日本も1986年に同様の機能を持つ「東京オフショア市場」（JOM）を創設した。各国の金融機関は，競うようにして国際展開を進め，タックスヘイブンにも拠点を設けて，貸出規制や義務的準備積立ほかの法的規制を回避しながら，多国籍企業などの支援を続けた。タックスヘイブンは，このように1970年代・80年代を通して，自然発生的に世界的規模で金融・経済的自由主義を広める中心となっていった。

英国ロンドンのシティ金融特区，中東ドバイの金融特区などは，オフショア金融センターとして，税制上の減免措置に加えて国際金融・通貨決済上の規制緩和を通じて，企業誘致を図ってきた。また，カリブ海のケイマン諸島は，米国ニューヨークの金融センターのサテライトとして発達し，国際金融取引の単なる中継地として利用されている。

また，一部のタックスヘイブンには，資金洗浄（マネーロンダリング）[12]に対する規制が有効に機能していないために，暴力団やマフィアの不正な資金などが大量に流入・経由しているといわれた。2000年代になり，資金洗浄規制に加えて米国同時多発テロ事件などを受けたテロ資金規制の対策にも重点がおかれるようになった。そこで，国際的な協力体制のもと資金洗浄とテロ資金供与の高い国をブラックリストにし，公表することを通じて実効ある改善策を求めた。国際金融上の信用にかかわる問題として，国際的な金融・決済機能に支障がでないようにとの強いインセンティブが働いたことから，この対応策はそれなりの成果を上げたものと評価できる。

第4節　各国と国際的な税制上の対応策

1．移転価格税制

多国籍企業は，知的財産など無形資産については価値の評価が容易でないことから，都合のいい価格でグループ企業間取引を行わせる。グループ企業内の取引価格を移転価格とよぶが，無形財産だけでなく，様々な機会を利用して，多国籍企業はこの「移転価格」を使って税負担の軽減を図っている。

先進国では移転価格を適正に対処するために移転価格税制を設けている。この仕組みではグループ企業内の取引については独立企業間価格で取引したものとみなして課税することになっている。実際には，多国籍企業はグループ内企業間取引をする場合に高課税国に設立された子会社にできるだけ高価格で売却しその国での利益を削減しようとする。

2．外国子会社所得合算税制

日本の内国法人等が，税負担の著しく低い外国子会社等を通じて国際取引を行うことによって，直接国際取引した場合より税負担を不当に軽減・回避し，結果として日本での課税を免れる事態が生じる。このような租税回避行為に対処するため，一定の税負担の水準（20%）未満の外国子会社等の所得に相当する金額について，内国法人等の所得とみなし，それを合算して課税するものが外国子会社所得合算税制である（会社単位での合算課税）。

1978年度税制改正により導入された当初は，軽課税国を個別に指定していたことから，「タックスヘイブン対策税制」ともよんでいた。

現在では，一定の軽課税国に存在する外国子会社等を「特定外国子会社等」とし，その所得を，当該子会社等の一定の持分を有する内国法人の所得に合算して課税を行う制度となっている。また当初の納税者別に適用要件を判断する方式から，能動的所得を除外し受動的所得（資産運用的所得）を課税する税制に転換している。このために，タックスヘイブン対策税制との呼び名を使わずに，国際的には米国の税制を代表させてCFC（Controlled Foreign Company）税制とよぶようになっている。

3．有害な税制

1996年OECDはタックスヘイブンを利用した租税回避や有害な租税競争を抑制するための活動を始め，租税委員会において1998年に有害な税制についての報告書をまとめタックスヘイブンの判定基準を明らかにした。これを受けてタックスヘイブンのリストを公表することにより圧力をかけながら，有効な情報交換と透明性の欠如を改善することを目指した。ブラックリストに掲げた非協力国は，協力を約束しリストが短くなるだけで，有害な租税競争について問題の解決には至らなかったと評価される。これは，政治的妥協により，いくつもの重要な地域が覆い隠されたままになってしまったことも背景にある。

4．情報交換協定

有害な税制を抑制する試みが実効を示めせなかったことから，OECD各国は方針転換をした。効果的な情報交換と透明性を高めるために，タックスヘイブンとみられる国と二国間の条約である情報交換協定を積極的に結ぶようになった。タックスヘイブンを自分たちの枠の中に誘い入れて，タックスヘイブンの問題解決を図っていこうとするものである。確かに有効な枠組みではあるが，この枠組みだけでは十分な効果を発揮できるようになっていない。

第5節　BEPSプロジェクトと金融口座の自動的情報交換

1．BEPS（税源浸食と資金移転）プロジェクト

BEPSとは「税源浸食と利益移転（Basic Erosion and Profit Shifting)」のことであり，多国籍企業が価値創造を行った場所や実質的経済活動を行った国から利益を税負担の軽い他国に移転するなどして不当に企業グループの税負担を軽くすることをいう。OECDの租税委員会がBEPSの問題を取り上げて2012年6月に立ち上げたのがBEPSプロジェクトである。2008年のリーマン・ショック後の財政悪化により国民負担が高まる一方で，多国籍企業の課税逃れに対する批判が高まったことが立ち上げの背景にある。

BEPSプロジェクトは，多国籍企業がその活動実態と課税ルールのズレを利用することによる課税逃れを可能にする課税ルール全体を見直すことを目指しており，公正な競争条件を確保するため各国政府に解決策を提示しようとするものである。

2013年7月にOECDは，G20（財務大臣会議）からの要請も受け，多国籍企業の活動実態の透明化や課税制度の一貫性や予見可能性の向上を図ることにつながる，15の項目からなる「BEPS行動計画」を公表した。この行動計画に沿って，OECDとG20の関係諸国は議論を進めた結果，2015年10月に15項目すべてについて最終報告が公表されている[13)]。これに基づいて，関係各国において，各行動計画が順次実行に移されている。

最終報告書によれば，BEPSによる税収の損失は，控えめに見積もっても年間1000～2400億ドル，世界全体の法人税収の4～10%に達すると推計されている[14)]。開発途上国に対しても，BEPSがその財政に与える影響は特に大きいとして，積極的な関与を促し，世界的な取組みとしての重要性を示している。

2．米国のFATCA法制

様々な試みが行われる中で，具体的な成果をみていないが，情報交換が重要

な対抗策になることは共通の認識といえる。国際的にもこの方向に動きが目立つようになってきた。

その第一歩が，米国がとったFATCA（米国・外国口座コンプライアンス法）に基づく措置である。FATCAは，米国の法律に基づく仕組みなので，米国人が保有する口座の情報を外国の金融機関に対して米国政府に提供するように求めるものであり，2013年1月に施行されている。米国による一方的な措置であるが，各国ともこれに対応するかたちで国内措置をとっている。日本は，欧州の大半の国と異なり，口座の情報を一旦日本政府に提供させたのちに米国政府に提供するという仕組みをとることになる。それは，日本国内の事情を反映して，個人情報保護法，源泉徴収の問題と整合的に進めることが求められているからである[15)]。

3．CRSに基づく自動的情報交換の枠組み

FATCAに功績を見出すならば，これを契機にして，OECD・G20の金融口座に関する自動的情報交換が大きく動き出したことである。こちらは，外国の居住者が日本の金融機関に保有している口座について，口座保有者の氏名や口座残高などを国税庁を通じて外国の税務当局に年に1回まとめて情報提供する仕組みである。反対に，他の国の当局から，日本居住者や日本法人が保有している海外の口座の情報が国税庁に提供されることになる。つまり双方向の情報交換を行う仕組みである。

2008年に起きた金融不祥事件において，自国の居住者が外国にある金融機関の口座を利用して脱税を行っていたことを教訓にして，金融口座情報に対する自動的情報交換構築の機運が高まった。これを受けてOECDにおいて作業が始まり，G20首脳会議が承認を得て，国際的な共通報告基準（CRS）が定められた。これに基づいて設けられた各国の仕組みは，現在のところ，関係各国において必要な法制手続の完了を待っているところである。わが国では，既に2015年の税制改正を受けて条約実施特例法を整備している。今後は国内金融機関から国税庁に情報を提供させることになるが，初回の報告については2018年に行うことを約束している。これにより，新たに金融口座の残高情報が交換されるので国外所得・資産の的確な把握が可能になると期待される。た

だ，先行するFATCAの経験を踏まえてより包括的に対象をカバーしているものの，潜脱の可能性はぬぐい切れず，担保措置としてはピアレビューに限られるためFATCAよりも弱いとの指摘もある[16)]。

第6節　世界的資産課税の提言と将来に向けて

ピケティは『20世紀の資本』[17)]のなかで，世界的な資本税の導入を提案しており，将来に向け前進するための出発点として有益であるという。この提案はピケティ自身が認めるように当面の実現可能性について悲観的に考えざるを得ない。しかし，この新税は，すべての金融資産と非金融資産の市場価値から負債を差し引いたあとの資産価値，すなわち個人が支配している資産の純価値に対する課税といえる。税率は平均的な財産には極めて低い税率としながら，巨額の財産に対しては税率を5%ないし10%と累進性を強く持つように仕組んでいる。世界規模で実施する累進的な課税であり毎年徴収するものとなる。この課税の目的が，国家の財源を賄うことではなく，富の格差拡大を止めることであることから，資本主義を規制することにつながるという。税収規模がそれほど大きくはならないとしても，富の分配についての情報は豊富であるだけでなく，危機発生を回避することにつながる有効な金融規制のための情報をも生みだしてくれることになるので，銀行口座情報の自動的交換の仕組みについて機能拡大に役立つとの長所を持つという。

ズックマンの『失われた国家の富』[18)]では，ピケティの提言を補完するように，世界的な資本税と同様の世界的累進資産課税の導入に向けて具体的な手順を伴う提言を行っている。ズックマンは，現状のタックスヘイブン対策について，大きく後退してしまっていると厳しい評価をしている。この事態を反転させるために次のような実践的な政策提言している。

① 株式・債券の所有者を明らかにする世界的規模の金融資産台帳を作成する。

② タックスヘイブンに対する制裁措置として金融面・貿易面の威嚇も使ってその国の銀行秘密業務の廃止を迫る。

③　税の不公平感を解消するために世界的な累進税率での資産課税を創設する。

④　多国籍企業課税について世界全体の利益を対象にした定式配分法を導入する。

ズックマンの提案で特徴的なのは，制裁措置の活用を重視していることである。金融資産台帳の作成に当たっても，制裁措置をとれば，モナコなどの小型タックスヘイブンには相応の好い効果が期待できる。しかしスイスなどの大型タックスヘイブンに対しては，これだけでは不十分であるので関係国が結束してより強力な制裁措置が必要であるとしている。

このようにタックスヘイブンに対抗するには，世界的な金融資産台帳を作成することにより実効性のある情報交換や透明性の向上を図っていくことが必須の作業となる。幸い，金融口座の自動的情報交換の仕組みが同じ方向に動き始めていることを考えると，ズックマンの示したロードマップは長い道のりであるとはいえ，後戻りすることなく前進させていくことが現状からも重要といえる。多国籍企業に対しては，英国の不買運動に見られるように自主的な納税を迫ることの有効性が示された。しかし，この方法は，租税法律主義の原則にはなじまない手段であり，常に有効とは限らない。したがって，多国籍企業の課税逃れに対しては，各国の国民の支持を得て各国政府が課税逃れを封じ込むとの決意を共有しながら着実に施策を実行していくことが何より重要である。

【注】

1）日本経済新聞（2016年4月25日朝刊13頁）。
2）日本経済新聞（2013年6月15日朝刊1頁および同月23日夕刊3頁）。節税策の仕組みについては，21世紀政策研究所ほか（2016），44-45頁を参照。
3）日本経済新聞（2013年5月22日朝刊3頁）。
4）日本経済新聞（2013年6月3日朝刊17頁）。
5）この仕組みの詳しい説明としては，21世紀政策研究所ほか（2016），46-48頁を参照。
6）OECD (1998), "Harmful Tax Competition: An Emerging Global Issue," p. 7.
7）2010年税制改正前により，この部分は20%以下に改められた。
8）Gravelle, Jane G. (2015), "Tax Havens: International Tax Avoidance and Evasion," January 15, 2015, Congressional Research Service, p. 1.
9）Zucman, G. (2014), "Taxing across borders: Tracking personal wealth and corporate profits," *The Journal of Economic Perspectives*, 28 (4), pp. 137-142.
10）Henry, J. S. (2012), "The price of offshore revisited," *Tax Justice Network*.
11）パランほか（2013），日本語版49-255頁。

12) 資金洗浄とは，犯罪行為によって得られた不正な資金を口座から口座へと移動することにより，収益源の隠ぺいを図る行為をいう。犯罪組織の活動を断つためには，国際的な協力体制のもとに資金洗浄を阻止することが不可欠である。このために1980年代末に国際的なタスクフォースであるFATF（資金洗浄に関する金融活動作業部会）がOECD内に設立され，資金洗浄対抗策が強力に進められている。これを担当する各国の行政機関をFIUまたFIOとよんでいる。
13) OECDのBEPSのウェブサイト（http://www.oecd.org/tax/beps-2015-final-reports.htm）からは，15項目についてすべての最終報告書がダウンロードできる。
14) 行動11の最終報告書（英文）の15-16頁，79-248頁（OECD (2015), "Measuring and Monitoring BEPS, Action 11 - 2015 Final Report," OECD/G20 Base Erosion and Profit Shifting Project.）。
15) 重田正美（2015），「米国の外国口座税務コンプライアンス法と我が国の対応」『レファレンス』65（6），国立国会図書館，49-73頁。
16) 増井良啓（2015），「租税法研究会（Number168）非居住者に係る金融口座情報の自動交換：CRSが意味するもの」『論究ジュリスト』14号，222頁。
17) ピケティ（2014），539-566頁。
18) ズックマン（2005），105-147頁。

【参考文献】

Palan, R., Murphy, R. and Chavagneux, C. (2010), *Tax havens: How globalization really works*, Cornell University Press.（パランほか著，青柳伸子訳『「徹底解明」タックスヘイブン：グローバル経済の見えざる中心のメカニズムと実態』作品社，2013年。）
ガブリエル・ズックマン著，林昌宏訳（2015），『失われた国家の富：タックス・ヘイブンの経済学』NTT出版。
志賀櫻（2013），『タックス・ヘイブン：逃げていく税金』岩波書店。
トマ・ピケティ著，山形浩生・守岡桜・森本正史訳（2014），『21世紀の資本』みすず書房。
21世紀政策研究所，経団連経済基盤本部編著（2016），『BEPSQ&A：新しい国際課税の潮流と企業に求められる対応』経団連出版。

（知原信良）

第5章
地球温暖化防止とパリ協定の評価

はじめに

1997年12月に京都議定書が採択されてから約20年が経とうとしている。京都議定書は，先進諸国に温室効果ガス（greenhouse gases：GHGs）の削減義務を課したという点で，地球温暖化に関する国際的な取り組みを一歩前に進めるものであったと言える。

一方で，二酸化炭素の主要排出国であるアメリカが離脱したことや，近年，急速な経済成長を遂げている中国やインドに対する削減義務が課されていないなど，議定書のもとでのGHGs削減に限界が見えており，新たな枠組みが模索されてきた。そうしたなかで，2015年に採択されたパリ協定は，全ての国々が参加する新しい取り組みとなっている。その後，2016年9月には二酸化炭素の二大排出国である中国とアメリカが批准し，同年11月には早くも発効するなど，地球温暖化防止に向けての国際的な新たな体制づくりが，現在，急速に進められていると言えよう。

本章では，地球温暖化防止に向けての国際的取り組みについて，その流れを整理し，2015年に採択されたパリ協定が，これまでの取り組みとどのような点で異なる結果と言えるのかについて考察する。また，パリ協定採択以後の状況についても整理し，今後の展望について述べていく。

なお本章の構成は以下のとおりである。まず第1節において，地球温暖化問題について，その特徴を経済学的な観点から整理をする。ここでは，地球温暖化防止の国際公共財的な側面について説明するとともに，その国際的な取り組みの成果である気候変動枠組条約（United Nations Framework Convention on Climate Change：UNFCCC）についても取り上げる。第2節では，

UNFCCCの採択から，1997年の京都議定書までの交渉の流れについて整理する。ここではとくに，京都議定書に盛り込まれた先進諸国によるGHGs削減の背景にある責任論についても紹介する。そして第3節で，2015年のパリ協定の概要と今後の課題について展開する。そして第4節において研究のまとめを行う。

第1節　地球温暖化問題の特徴

1．地球温暖化問題の特徴

地球温暖化やオゾン層破壊，酸性雨などの地球規模での環境問題に対して，人々の関心が急速に高まってきたのは1980年代ごろからである。こうした地球環境問題は，高度経済成長期に日本が経験した公害問題とは異なる特徴を有しており，そのことが対策を考えていくうえでも重要なものとなっている。地球規模の環境問題と言ってもさまざまなものが挙げられるため，それらの特徴を網羅することは難しいが，地球温暖化を念頭におきながら，以下では3点ほど挙げてみることにしよう。

まず1点目として，環境破壊による影響や被害が，国を越えて広域化していることが挙げられる。かつての公害問題のころは，局所的に大きな被害が生じ，多くの人々が亡くなるといった状況が起こっていた。一方，現在の環境問題では，国を越えた被害も多くみられるため，環境問題の解決を考えていくうえで，国と国との関係が重要な要素の一つとなっている。その際には，経済水準などの各国の状況を考慮していかなければならず，後で述べるような協力体制づくりも難しくなってきている。

2点目は，因果関係や影響に関する不確実性が高いことである。かつての公害問題では，その原因や影響について，それを明確にすることが比較的可能であったのに対し，現在の環境問題の場合には，因果関係や影響が不明瞭で，不確実性の高い状況下での対応が必要となっている。こうした背景の一つとして，環境問題の規模が大きくなったことで，環境問題どうしが相互に作用しあい，複雑な問題群となっている点を指摘することができるだろう。

またこのような規模の拡大は，物理的な範囲にとどまらず，時間的な範囲についても当てはまる。そのため遠い将来に生じるかもしれない被害に対して，現在，対策を進めていかなければならないという難しさもある。このような不確実性が高い状況において，予防原則の観点から対策を進めていかなければならず，各国が歩調をそろえることも容易ではなくなってきている。

そして3点目として，被害者と加害者の関係も複雑化している点を指摘することができるだろう。かつての公害問題の典型的なパターンの一つは，企業による環境汚染によって，市民が被害を受けているというものであり，企業が加害者，市民が被害者という構図に当てはめることができた。そのため，汚染をもたらした企業にその責任を求めたり，国などの責任を問うといったことも行われてきた。

しかしながら，現在の環境問題は，そうした特定少数によって引き起こされる問題だけでなく，不特定多数によって引き起こされるものも多い。地球温暖化を例にとって考えてみれば，その原因物質であるGHGsは，程度の差こそあれ，あらゆる国・地域で排出されている。また地球温暖化が深刻化することによる影響についても，あらゆる国・地域にもたらされ得る。このように考えると，被害者と加害者とを明確に区別することは困難であるといえる。

また発展途上国が引き起こした環境破壊によって，先進国が被害を受けているような場合も対応が難しい。この場合，被害を受けている国が，原因をもたらしている国に金銭的あるいは資金的な支援をすることが実現可能な解決策となることも十分に考えられる[1)]。

このように被害者と加害者の関係は，かつてほど単純なものではない。そのため，誰が率先して環境保全の取り組みを進めていくべきか，という点についても議論が分かれるところである。後で述べるように，地球温暖化に関する責任論に関して，それをどのように捉えるかが，具体的な取り組みに大きく影響を及ぼしてきた。この点については，第2節において整理していくことにしよう。

2．国際公共財の供給

地球温暖化防止の国際的な取り組みは，国際公共財の供給という側面がある。ここで公共財の供給にともなう問題という観点から，その難しさについてみていくことにしよう。

公共財とは，非競合性と非排除性という二つの性質をもった財のことである。通常，我々が消費する財・サービスの多くは，競合性と排除性をそなえたものであるが，公共財はそれらとは異なる性質を有している。環境保全への取り組みによって提供される良好な環境にもこうした性質がそなわっているため，公共財の供給に関する話を当てはめて考えていくことができる[2)]。

公共財の供給を考えるとき，先に挙げた性質から，いくつかの難しい問題が生じる。政府の介入のない状態では，最適な水準の供給ができず，過小供給になってしまう。またその供給にあたって，負担をともなわずに便益のみを享受しようとするフリーライダーの排除が困難であるなどの問題も指摘できる。

地球環境保全という観点から言えば，国際交渉を経て，どのような国際公共財を供給していくかが重要になってくるが，話し合いが難航してしまうと，供給そのものも危ぶまれてしまうことになる。またフリーライダーの可能性を排除するという点から言えば，多くの国が地球環境保全のための取り組みに参加することが求められるが，実際には，GHGsの削減義務に関して，先進諸国を中心とした取り組みがなされてきた。

ではこうした形で取り組みが進められてきた背景として，どのような考え方があるのだろうか。次節では，地球温暖化に関する国際交渉について，UNFCCCから京都議定書採択までの流れについて整理していくことにしよう。

第２節　気候変動枠組条約と京都議定書

UNFCCCは大気中のGHGs濃度の安定化を目的としたもので，1992年に採択された[3)]。現在，締約国等の数は197（196カ国，1地域経済統合）に及んでいる。この条約の第3条に五つの基本原則が掲げられており，たとえば予防原則や発展途上国への特別な配慮などがそれにあたる。そうした基本原則の一つに「共通だが差異ある責任」原則というものがある[4)]。この点について少し説明を加えておくことにしよう。

地球環境問題の特徴のところで述べたように，地球温暖化の原因となるGHGsについては，多くの国・地域で排出されている。そうしたことを考慮するならば，地球温暖化についての責任は全ての国に共通するものであると捉えることができる。一方で，過去からの排出量などを考慮すると，先進工業国が多くの化石燃料を利用することによって，大量の二酸化炭素を排出してきたという経緯がある。そうした点や，問題解決のための取り組みなどを考えると，先進国が率先して取り組むことが必要となってくる。その意味では，責任の大きさは先進国と発展途上国では同じではなく，そこには差異を認めざるを得ないだろう。こうした責任原則は，UNFCCCに限らず，同年の地球サミットで採択されたリオ宣言などにも盛り込まれている[5)]。

UNFCCCは1994年に発効した。そして翌1995年から締約国会議（conference of the parties：COP）が開催されるようになった。COP1はドイツのベルリンで開かれ，そこで合意にいたった決議がベルリンマンデートである。その内容は，1997年のCOP3において，GHGsの数値目標を盛り込んだ議定書を採択することであった。またUNFCCCの基本原則のもとで，発展途上国に対して，新たな義務を課さないことも定められた[6)]。

このCOP1で合意にいたった決議において，UNFCCCの原則の一つである「共通だが差異ある責任」原則を再確認し，議定書採択において発展途上国に対するGHGs削減の義務を課す余地がなくなった。そして1997年のCOP3で採択された京都議定書では，先進国に対してのみGHGs削減の義務が課されることとなった。

京都議定書は，GHGs削減目標を盛り込むなどの点では，地球温暖化に対する取り組みを一歩前に進めることに成功したといえる。しかしながら，先進国のみに削減義務を課し，発展途上国に対する削減義務を課さなかった点については，その後の取り組みのなかで，いくつかの新たな問題を生じさせた。

一つはアメリカの京都議定書への不参加である。これは2001年に当時のアメリカ大統領のブッシュによって不支持表明がなされた。このとき京都議定書は発効には至ってなく，議定書に盛り込んだ取り組みについての具体的な運用ルールなどについて議論を進めている最中であった。この段階では，日本やEUなども議定書を批准しておらず，そうした状況のなかで当時の世界最大の二酸化炭素排出国であったアメリカが不支持を表明したことで，京都議定書の発効を危ぶむ声もあがっていた。

その後，日本やEUによる批准もなされて，最終的には2004年にロシアの批准を受けて，発効要件が満たされ，翌2005年2月に京都議定書は発効した。後でみるように，2015年に採択されたパリ協定と異なり，京都議定書に関しては発効までに7年以上の歳月を要したことになる。

またUNFCCCの目的である大気中のGHGs濃度の安定化を実現するためには，先進国のみの取り組みでは不十分である。とくに急速な経済発展を遂げている中国やインドなど新興国による削減努力のないままで，今後の取り組みを進めていくことは難しいと言えるだろう。

図5-1は燃料燃焼による二酸化炭素の排出量について，各国の排出割合を示したものである。2013年の世界全体の二酸化炭素排出量は322億トンと推計されているが，このうち28.0%にあたる90億トンが中国から排出されている[7)]。またインドの排出量は19億トンで全体の5.8%を占めており，世界第3位となっている。また第2位のアメリカは51億トンで15.9%を占めている。こうした二酸化炭素排出量の上位を占める国々が削減義務を課されていなかっ

図5-1　燃料燃焼による世界の二酸化炭素排出量（2013年）

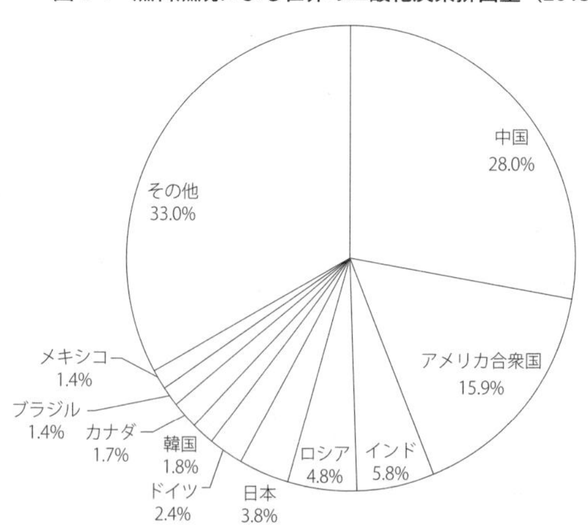

（資料）総務省統計局『世界の統計2016』16-4をもとに作成。

たり，京都議定書の枠組みから外れていたりするような状況では，UNFCCCの目的を達成することが不可能であることは明らかである。

こうした背景において，2011年に南アフリカのダーバンで開催されたCOP17では，UNFCCCのもとで全ての国に適用される新たな枠組みについて2015年までに定め，それを2020年以降から実施に移すという道筋が決められ，その検討が進められていくことになった[8)]。こうした検討の場において，これまでのCOPでの経験や議論を踏まえ，京都議定書のように各国にGHGsの削減目標を課すのではなく，全ての国が「自国が決定する貢献案（Intended Nationally Determined Contribution：INDC)」を提示し，国際的な協議を行う仕組みが提案された。

そして全ての国による参加を重視しつつ，各国がそれぞれの事情に応じて決定するINDCを基礎とする新たな国際的な枠組みについて議論が詰められていくこととなった。それがCOP21におけるパリ協定につながっていった。

第3節　パリ合意と今後の展開

2015年に行われたCOP21では，京都議定書に代わる新しい枠組みに関する話し合いが具体的に詰められていき，パリ協定として採択された。このパリ協定は，産業革命以降の地球の平均気温上昇を2℃以下に抑えることを世界共通の長期目標として，全ての国が参加する枠組みとすることで合意にいたった[9)]。

パリ協定における最大の成果は，京都議定書のような特定の国による温室効果ガス削減の取り組みではなく，全ての国に削減目標（Nationally Determined Contribution：NDC）を提示させることを盛り込んだ点にあると言えるだろう。このNDCは，5年ごとに提出・更新する必要があり，またその貢献は従来からの前進が示されることも規定された[10)]。

前節で述べたように，UNFCCCの基本原則の一つとして「共通だが差異ある責任」原則がある。京都議定書において先進国にGHGsの削減目標が課されたことは，共通の責任を認識しつつも，差異ある責任に重きが置かれた結果としてみることができる。これに対して，パリ協定の合意は，共通の責任に対しても，同等の重みを置いたものとして理解することができるだろう。

もちろん差異ある責任に関して，パリ協定では，先進国が削減目標において先頭に立つべきことや，発展途上国に対する資金提供や技術開発・移転等を行うことも盛り込まれている。発展途上国に対する支援は，京都議定書の枠組みのもとでも行われてきたが，パリ協定では共通の責任を果たしていくための先進国による支援という位置づけがより明確になってきたと解釈することができるだろう。

このように全ての国がNDCを提出・更新するという内容で合意に至った理由として，先に述べたように，これまでのCOPでの経験や議論が大きな役割を果たしてきたと言えるだろう。また二酸化炭素の二大排出国である中国とアメリカの地球温暖化に対する姿勢の変化も大きく影響しているとみることができる。

この二大排出国は，2016年9月に早くもパリ協定の批准を表明した。そして，そうした動きに促されるようにEUも批准し，同年11月4日に発効するに至った。第2節で述べたように，京都議定書の際には議定書の採択から発効まで7年以上を要しているのに対し，パリ協定については1年経たないうちに発効となっている。一方，日本は批准に向けての準備が遅れ，同年11月8日にようやく批准となった。

パリ協定の発効を受けて，今後は具体的な運用ルールなどに関する議論が行われていくだろう。またパリ協定で掲げた「気温上昇2℃以内」という目標を実現するために，GHGs削減のためのさまざまな取り組みが，さらに強化されていくだろう。京都議定書のもとでは，GHGsの削減は先進諸国のみであったが，今後，全ての国がNDCを更新していくことを考えると，GHGs削減のための技術やノウハウなどに対する世界的な関心や需要がさらに高まっていくことが予想される。したがって，省エネルギー技術や化石燃料以外のエネルギー利用，たとえば再生可能エネルギーへの重要性も増していくと考えられる。

これは国内での取り組みに留まらず，ビジネスとしての機会も大きく拡大していくことを意味する。日本は1970年代の石油危機以降，さまざまな形でエネルギー利用の効率化を進めてきた。その意味では，パリ協定の発効は，地球温暖化防止という点だけでなく，日本の環境ビジネスの拡大という点で大きなチャンスとなりうるだろう。

第4節　まとめ

本章では，地球温暖化防止に関する国際的な取り組みについて整理し，そのなかで2015年に採択されたパリ協定に関して，1997年の京都議定書との違いを考察してきた。UNFCCCの基本原則の一つである「共通だが差異ある責任」原則という視点から捉えると，京都議定書とパリ協定では，共通の責任と差異ある責任の関係が異なるものであると解釈することができるだろう。

公共財の供給という観点から見た場合，全ての国が参加する枠組みであることが重要であり，その意味でパリ協定における合意は一定の成果をあげたと評価することができるだろう。またパリ協定の採択から1年を待たずして発効に至り，本格的な議論が今後進んでいこうとしている点も大いに評価できるだろう。

パリ協定の発効は，地球温暖化に関する取り組みが具体的に進められていくことを期待させるものである。また，全世界的な取り組みが進むことで，GHGs削減のための技術やノウハウなどに対する需要が高まり，ビジネスとしての可能性も拡大するだろう。日本では，パリ協定の批准が発効後になるなど，現時点ではスタートで遅れてしまっている状況にあるが，エネルギーの効率的な利用に関する優れた技術を有しており，それを大いに生かしていくことが今後求められていくだろう。

【注】

1）この点について，コースの定理の観点から考えれば，加害国側が対策をとっても，被害国側が対策をとっても，どちらも社会的に望ましい状態に到達することが可能である。その意味で，被害を受けている先進国が金銭的ないし技術的な支援をすることも，十分に正当化できるといえる。

2）こうした公共財の性質や供給に関する問題については，公共経済学の標準的なテキストに詳しく説明されている。たとえば林ほか（2010）などを参照されたい。また環境問題の公共財的な側面については，Baumol and Oates（1988）など，環境経済学の代表的な文献でも取り上げられている。

3）地球温暖化に関する国際的な議論がどのように進んできたのかについては，たとえば亀山（2010）に詳しい説明がある。また各COPの内容については，環境省（2016）や環境省ウェブサイトにまとめられている。

4）UNFCCC 第3条第1項において，「締約国は，衡平の原則に基づき，かつ，それぞれ共通に有しているが差異のある責任及び各国の能力に従い，人類の現在及び将来の世代のために気候系を保護すべきである。したがって，先進締約国は，率先して気候変動及びその悪影響に対処すべきである」とある。なお条文の和訳は，環境省ウェブサイトのものにしたがっている。

5）「環境と開発に関するリオ宣言（Rio Declaration on Environment and Development）」の第7原則。

6）UNFCCC において，OECD 諸国やロシアなどの市場経済への移行中の国々を附属書Ⅰ国（Parties included in Annex I）として定義している。地球温暖化関連において先進国という場合，この附属書Ⅰ国のことを指している。なお発展途上国は非附属書Ⅰ国となる。京都議定書では，GHGs の削減義務を課す国々を附属書 B 国としている。

7）総務省統計局（2016）の 16-4 より。

8）近年の COP における議論については，明日香（2015）などに詳しく整理されている。

9）パリ協定の目的は第2条に書かれており，そのなかで平均気温上昇を 2℃以内に抑えつつ，1.5℃以内に抑えるための努力を継続することとなっている。

10）パリ協定第4条。

【参考文献】

明日香壽川（2015），『クライメート・ジャスティス』日本評論社。

亀山康子（2010），『新・地球環境政策』昭和堂。

環境省，「気候変動の国際交渉 関連資料」環境省ウェブサイト（http://www.env.go.jp/earth/ondanka/cop/shiryo.html#01，アクセス 2016 年 11 月 20 日）。

環境省（2015），「気候変動の影響への適応計画」環境省ウェブサイト（http://www.env.go.jp/earth/ondanka/tekiou/siryo1.pdf，アクセス 2016 年 11 月 20 日）。

環境省編（2016），『環境白書 平成 28 年版』日経印刷。

総務省統計局編（2016），『世界の統計 2016』日本統計協会。

浜中裕徳編（2009），『京都議定書をめぐる国際交渉（改訂増補版）』慶應義塾大学出版会。

林正義・小川光・別所俊一郎（2010），『公共経済学』有斐閣アルマ。

深井有（2011），『気候変動とエネルギー問題』中公新書。

Baumol, W. J. and Oates, W. E.（1988），*The Theory of Environmental Policy*, second edition, Cambridge University Press, New York.

Porter, G. and Brown, J. W.（1996），*Global Environmental Politics*, second edition, Westview Press, Boulder.（細田衛士監訳『入門地球環境政治』有斐閣，1998 年。）

United Nations Environmental Programme（UNEP），"Rio Declaration on Environment and Development".（http://www.unep.org/documents.multilingual/default.asp?documentid=78&articleid=1163，アクセス 2016 年 11 月 20 日）

United Nations Framework Convention on Climate Change（UNFCCC）.（http://unfccc.int/2860.php，アクセス 2016 年 11 月 20 日）

（斉藤　崇）

第6章
揺らぐ自由貿易体制と多角主義の変容

はじめに

2001年に開始されたWTOのドーハ開発ラウンドは長期の錯綜を経て，ようやく2013年のバリ合意という小さな部分合意を実現した。しかし2015年の第10回閣僚会議ではドーハ開発ラウンドの今後の方向性に関し，先進国と途上国で意見が分かれ，交渉継続の危機に立たされている。2016年は今後の方向を決める重要な年であるが，アメリカ大統領選やイギリスのEU離脱などにより，進展はほぼ無いとみられる。

ところで19世紀前半はナポレオン戦争やアメリカのモンロー主義による世界経済の分散化が進行したが，イギリスの穀物法廃止を頂点とする自由貿易主義は19世紀後半のパックス・ブリタニカの下で発展した。しかし20世紀前半は2つの世界大戦と経済的覇権の移行期にあたり，保護主義・分散化が強まった。20世紀後半はパックス・アメリカーナの下でウルグアイ・ラウンドやWTOの成立など，自由貿易主義と世界経済の統合が進化していった。しかし1990年代頃からFTAが急拡大する一方で，従来型の世界一体での自由化は変質している。

こうして世界経済の統合と分散は，あたかもコンドラチェフの長期波動のごとく繰り返されており，経済的覇権の拡散や移行も伴って21世紀前半は分散が予想される。本章は第二次大戦後のGATT創設からWTOの設立までを多角主義の時代，そしてWTO成立から現代に至る時期を分散化の時代ととらえ，前者を第1節で，後者を第2節でそれぞれ議論し，第3節で今後の展開を考察する。

第1節　多角主義時代の世界貿易体制と貿易交渉

1929年の世界大恐慌は1930年代に世界的に保護主義を蔓延させた。即ち英連邦，フラン経済圏，アメリカの北米貿易圏など，海外貿易圏を持てる国では地域特化・深化を高めた一方，海外植民地を放棄したドイツや遅れて19世紀型帝国主義を目指す日本などは深刻な不況に陥り，第二次世界大戦の遠因ともなった。貿易や為替による保護主義は結局，世界貿易と世界生産の継起的縮小をもたらし，世界経済の崩壊に至る。第二次大戦後はこうした反省から，自由・無差別・多角・互恵を本旨とするGATT[1)]が1948年に成立し，GATTの下で戦後の貿易自由化交渉[2)]（ラウンド）が開始された。

GATTにおける第1回から第5回までの交渉を一般関税交渉と呼び，第6回目以降は関税以外の交渉も加わり，提唱者名（ケネディ・ラウンド），あるいは多角的交渉の開始宣言が出されたGATT閣僚会議開催地の地名（東京ラウンド，ウルグアイ・ラウンド）で呼ばれている。第1回目の交渉はGATT創設のための交渉であり，第二次大戦後の世界通商体制再興のために新たな関税体系を構築し，併せて戦前水準からの関税引き下げを実施したものであった。

第2回目から第5回目の関税引き下げ交渉においては前後と比べて，関税譲許成立品目数や影響される貿易額が少なくなっている。これは国別・品目別交渉のため二国間・品目別で相対の交渉を実施し，それがリクエスト・オファー方式であったため，交渉結果を積み上げ，最恵国待遇により世界に適用するとしても，結局のところバランス感覚が働き，最小の引き下げで合意されるケースが多かったためである。自由化が進展しないことに対しアメリカが危機感を高め，ケネディが関税の一括50％引き下げを主目的とする第6回目の関税引き下げ交渉を提唱し，実現した。

続く東京ラウンド[3)]では引き続き関税引き下げが継続されるとともに，不完全ながらも後のウルグアイ・ラウンドで焦点となった問題に先鞭がつけられていた。東京ラウンドの成果のうち主なものを挙げてみると，① 関税格差解消，② NTM（Non Tariff Measurement；非関税措置）の実施コード作り，③ GATT フレームワークの再検討，④ 熱帯産品交渉開始，などである。①はケネディ・ラウンド以後，国際的な関税体系格差（当時，全般的にヨーロッパ諸国は関税水準が低く，アメリカでは高かった）を是正しない限り，一律引き下げでは国際的な貿易自由化が進展しない，とされた問題である。東京ラウンドでは，引き下げ後の関税率格差を国際的に均等化させる措置（harmonization）が行われた。②は関税水準の低下に伴い，非関税措置が輸入障壁の重要度を増してきたため，東京ラウンドで初めて本格的に検討された問題である。東京ラウンドにおいて非関税措置の洗い出しが進められ，各国より800 以上の項目の非関税措置が通報された。このうち政府調達やダンピング防止などの分野で協定が結ばれた。③は発展途上国に対する授権条項[4)]や紛争処理手続きなどの分野で，不完全ながらも初めてメスが入れられた点である。さらに④は多くの発展途上国が熱帯地域に存在し，そこで生産される熱帯産品輸出に対し先進国が関税上の優遇措置を与えるという交渉であり，これによって発展途上国が東京ラウンド参加による実質的利益をかちうる分野であることから，ラウンド参加国の拡大に貢献した。東京ラウンドでは熱帯産品交渉がラウンド全体の交渉に先立って進められたが，ウルグアイ・ラウンドでも熱帯産品交渉の先行は確保された。

ケネディ・ラウンドや東京ラウンドにより，関税は全体としては十分低いレベルに達したものの，関税にかわって非関税障壁が貿易拡大の制約として重要となっていった。事実 1980 年代にはいると，先進国の輸入額に占める非関税障壁関連品の割合が 20％を越えるに至る。こうして輸入規制は東京ラウンドを境に関税から非関税措置にシフトしていった。一方，本来は不公正貿易に対する対抗手段としての相殺関税やダンピング防止税はその運用基準が依然国際的に確立しておらず，しばしば輸入国の恣意性にゆだねられてしまうという問題があり，さらに繊維や自動車などの個別分野で輸出自主規制など GATT ルールの枠外措置が横行する傾向にあった。

さらに重要な点は，国際貿易の重要性が増した分野に対する対応の問題である。1 つは GATT が成立初期に想定していなかった分野に対するルール作りであり，サービス貿易や知的財産権，貿易関連投資措置などがこれにあたる。2つはGATT成立時に存在していたにも関わらず，その後の世界貿易環境の変化によって制度面での見直しがはかられなければならなくなった分野である。たとえばGATT成立当初，貿易は工業製品が中心で農業は国内自給が中心であったため，GATT貿易ルールの適用は農業に対して除外されていた。しかし農業貿易の伸展や自給率低下に伴い，農業のGATTルール適用除外（たとえば国家貿易品目など輸入自由化の免除）が実勢に則さなくなってきた。あるいは開発途上国のうち，NIEsなど発展水準の高い国々に対してGATTの普遍的ルール適用の問題（いわゆる卒業条項など）などである。従来型のGATTルールではその限界が露呈されつつあったわけであり，GATTルール改正を含めた新たな貿易自由化交渉が期待された。

ウルグアイのプンタ・デル・エステでの閣僚宣言によりウルグアイ・ラウンド[5)]の交渉がスタートしたが，対象分野および参加国において史上最大の交渉であったため，交渉ははじめから難航した。1987～88年は交渉のための準備期間にあてられ，各種データの整備，交渉方式の検討などが行われた。88年末のモントリオール中間レビュー会合において，農業，知的財産権，繊維，セーフガードの4分野で合意が成立せず，これら4分野を含めて1989年4月の会合で，いままでの交渉事項の取りまとめや今後の交渉のやり方についてやっと合意がなされた。この時点で既に，90年末の最終合意は難しいとの観測がなされていた。4年間という当初の交渉期間は90年末，91年末，92年末と3回にわたり毎年延長され，93年末に実質合意が成立した。94年に至り，マラケシュで開催された貿易交渉委員会で最終文書への署名がなされ，ウルグアイ・ラウンドは終結した。

ウルグアイ・ラウンド交渉では2つの国際認識が交渉を押し進めていったと考えられる。第1はあくまで全体合意をめざして交渉が進められた点である。90年末から3回におよぶ再延長がなされながら，ともかくも全体合意に至ったのは，従来の関税，非関税などの個別貿易障壁の排除ではもはや貿易自由化の進展が望めないであろうという認識が，国際的に存在したからである。NAFTAやEUの成立に伴い，ともすれば地域主義が強化される傾向のもと，現行のGATTルールではその防波堤になるのがもはや不可能であったからである。それ故，交渉中に取りざたされた部分合意は行われず，熱帯産品や繊維など妥結された分野も全体合意までは凍結され，東京ラウンドで見られた先行実施は行われなかった。こうして交渉の長期化は避けられず，長期化に対する批判の声も多かった。しかしながら東京ラウンドも当初は1973～75年を予定したが，オイルショックにより延長され79年4月妥結，その間実に7カ年を要している。ウルグアイ・ラウンドは参加国や交渉分野とも史上最大の交渉であったため，交渉長期化はそんなに異常な事態ではなく，貿易問題はGATTの場で総合的多角的に解決するとの信念が重要であったと評価される。

第2はGATT回帰である。従来のラウンドが輸出自主規制，MFA（Multi-Fiber Arrangement），残存輸入制限や輸出補助金など，GATT原則に対する違反行為をなし崩し的に存続させていったことから，今回の交渉では貿易問題をすべてGATTに回帰させるという国際認識が強化されていた。

こうして20世紀末に成立したWTOは，GATT時代から続く貿易自由化に加えて紛争処理手続きの強化や貿易政策審査など，国際貿易における法の支配を貫徹する体制が作り出されていった。一方で特恵関税や熱帯産品交渉など途上国にとっての貿易の実質的利益よりも，知的財産権やサービス・投資自由化など国際貿易体制の均質化が強く求められ，以後の多角的交渉においてはしばしば途上国が要求するリバランスが焦点となってゆく。

第2節　分散化時代の世界貿易体制と貿易交渉

21世紀に入ってからの最初の国際貿易交渉は2001年に開始された。当初期間を3年としていたがウルグアイ・ラウンド以降交渉分野が肥大化傾向にあること，東京ラウンドが当初1973～75年を予定しながら1979年妥結，ウルグアイ・ラウンドが1986～1990年を予定しながら4年延長であったことを考えれば，交渉長期化は予想された。重要なことは交渉のスピードではなく交渉の果実であり，部分合意は拙速にすぎるばかりでなく多角的交渉の存在意義を否定しかねない。

ドーハ開発ラウンド[6)]はその後，今日に至るまで10年以上の長きにわたり交渉されているが，全体合意の目処は立っていない。そもそもドーハ開発ラウンドは対立と調整の連続であった。2003年の第5回閣僚会議で先進国と途上国の対立が鮮明となり，一定の冷却期間をおいた後，2005年の第6回閣僚会議では，途上国輸出品に対する先進国関税の無税無枠（関税率0%は10万トンまでなどという枠を設けない），エイズ治療薬に対する知的財産権の例外措置など，途上国配慮に一定のバランスを取った。こうした背景にはGATT・WTOにおける途上国の増加がある。1960年代には50%程度であった途上国の比率が，70年代には3分の2になり，2000年代半ばには80%を超える。途上国配慮が無ければ多角的交渉の円滑な運用が出来ない反面，特別扱いが過ぎると貿易自由化のダブルスタンダードが生じてしまう。世界全体である程度均質的な自由化が進まない以上，WTOへの信頼低下やFTAなど地域貿易協定へ貿易自由化の軸足が移っていってしまう。地域貿易協定の締結は近年著しく，1990年には30件弱に過ぎなかったものが2011年には500件を超える数となっている。2011年の第8回閣僚会議で一括合意を目指すが，合意はおろか近い将来の合意が困難であるとの議長総括が発表されるに至る。翌2012年はアメリカやフランス，日本をはじめとする選挙も有り，ドーハ開発ラウンドはさしたる進展も無いまま2013年を迎える。この間，第8回閣僚会議の議長総括で提示された，合意可能性のある交渉分野に関し優先して交渉を進める手法や，プルリなど複数国間合意形成など必ずしも一括合意によらない方向性が見いだされていった。

2011年末からの方向性転換は功を奏し，2013年末の第9回閣僚会議において，部分合意（バリ合意）が妥結された。バリ合意の骨子は，① 貿易円滑化（通関手続きの迅速化や貿易規制の透明性改善など），② 農業の一部（貧困層向け食糧調達の補助金規制緩和，食料輸入の関税割当の運用改善，輸出補助金の抑制など），③ 開発の一部（後発開発途上国への優遇措置や途上国配慮条項のモニタリングなど），である。①の貿易円滑化協定は当初2014年7月の採択を目指したが，難航し同年11月に採択された。貿易円滑化以外の分野に関する取り扱いは，2015年7月末までに作業計画を策定し，同年12月の第10回閣僚会議（ナイロビ）で合意を目指すとされた。主に，非農産品市場アクセス，サービスの3分野が主力交渉分野として注目されていた。

しかし第10回閣僚会議では，1997年に発効したITA（WTO情報技術協定

(ITA：Information Technology Agreement)）の交渉品目拡大[7)]などが成立したものの，閣僚宣言の第3部（今後のWTOの方向性）ではドーハ開発ラウンドの継続を主張する途上国と新しいアプローチに移行すべきとする先進国の間で決定的な乖離が生じ，今後の展開は不透明なものとなっている。

一方日本は2002年1月，シンガポールとの間に「日本シンガポール新時代経済連携協定（The Japan-Singapore Economic Partnership Agreement：JSEPA)」を署名した。その後今日まで，インドやメキシコなど16カ国地域と自由貿易協定を締結した。日本も世界各国と同様に伝統的なWTO多角主義に加えて地域，二国間という重層的フォーラムを対外経済政策で活用する方向に転換した。

そもそも世界貿易体制と地域主義はGATTの時代から，GATT24条により一応の整合性を保ってきた。24条では自由貿易協定がGATTで認められるためには，① 加盟国間で関税などの貿易障壁を全て撤廃，② 域外に対し障壁を高めない，の2条件が必要である。たとえばJSEPAの場合，関税では両国間の貿易量の98%以上を撤廃，日本の対シンガポール輸出は関税全廃，シンガポールの対日輸出は94%の品目で関税撤廃となっており，条件①に完全に適合するわけではない。もっともGATT24条の要件が必ずしも明確ではなく，それを完全に適合できたケースも皆無に等しい。

問題は自由貿易協定を利用する重層的フォーラムが多角交渉を促進させる起爆剤となりうるかであり，それが我田引水ではなく国際交渉力を持ちうるためには，世界貿易ルールに忠実であらねばならない。ウルグアイ・ラウンド交渉の時代に日本は，熱帯産品交渉や鉱工業品関税引き下げで前半の交渉をリードしていたにもかかわらず，農業交渉での退歩が国際交渉力を減じさせた。国際間の信頼醸成にはAPECに見られる先進国と途上国の自由化開始時期の格差や，ドーハ開発ラウンドに至る協定実施能力向上の指導に加えて，WTOルールを自発的かつ厳格に履行する努力や，関税などの面で一方的自由化の姿勢を堅持することも，重要であろう。

第3節　多角主義の未来

ドーハ開発ラウンドの進展が進まず自然消滅の可能性が高いからといって，WTOによる世界貿易体制が機能不全に陥ったわけでは無い。WTOはGATTの精神を受け継ぎ本質的に自由・無差別・多角・互恵＋特恵を本旨とするわけで，そのうちの多角の部分が変化しているにすぎない。自由・無差別・互恵＋特恵はWTOの保護貿易監視や貿易政策審査制度，紛争解決手続きなどにより十分な機能を有している。

そもそもGATT時代に誕生した「多角」主義はいかなるものであったか。GATT時代の多角主義とはGATT加盟国内での意思統一・制度構築であり，発足当初は23カ国，ケネディ・ラウンドで46，東京・ラウンドで99，ウルグアイ・ラウンドで124カ国・地域まで拡大し，GATTの世界貿易に占める比重が高まっていったものの，常に全世界を包含するものでは決して無かった。2016年7月末現在，加盟164カ国・地域のWTOでの「多角」主義とは大きく異なるものであった。

現在のWTOはその世界貿易額を考慮すれば，ほぼ世界を包含すると言える。

ドーハ開発ラウンドが2001年の開始以来15年の時を経て，貿易円滑化＋ITA改訂＋α程度の合意ではWTOの力不足を否めない。WTOでの決定は貿易におけるグローバルスタンダードであることは間違いなく，いかにFTAが有益であろうともすべての途上国をつなぎ止める力はそこに無い。いわばWTOの下で真の多角主義が試されている。

多角交渉では参加国が増えれば増えるほど各国の利害が錯綜し，合意形成に時間がかかる。ウルグアイ・ラウンドが一括合意，シングルアンダーテーキングを目指したのに対し，ドーハ開発ラウンドでは部分合意，複数国間協定の意見も垣間見られたが，これらはウルグアイ・ラウンドからWTO成立へ至る精神を無にしかねない。FTA全盛の現代において貿易のセーフティネットであるWTOは，可能な合意よりも望ましい合意を目指すべきである。

今後新たな多角主義の実現にむけて，2つの要素が重要であろう。第1の要素は，既存の多国間連携の枠組を議論の場所として有効に活用することである。ドーハ開発ラウンドでもG8，G20，APECなど様々な場で議論されていたが，なかなか側面支援の動きには至っていなかった。

第2の要素はキー・カントリーの存在である。キー・カントリーの存在は主流意見として，意思統一や交渉スピードを加速させる。過去の多角的貿易交渉では東京ラウンドまではアメリカが，ウルグアイ・ラウンドでは4極（アメリカ，EU，日本，カナダ）が交渉をリードしてきたが，ドーハ開発ラウンドではキー・カントリーが増えすぎて，事実上不在となってしまった。今後の多角主義では，日本，EU，アメリカ，中国などの新興国，いずれがキー・カントリーとなり得るのであろうか。

【注】

1）GATTについては，津久井（1993）を参照。
2）貿易自由化交渉については，拙稿（1999）を参照。
3）東京ラウンドについては，東京ラウンド研究会編（1980）を参照。
4）特恵関税制度など，発展途上国に対する最恵国待遇の例外の法的根拠を与える条項のこと。
5）ウルグアイ・ラウンドについては，高瀬（1993），Stewart ed.（1993），筑紫（1994），拙稿（1995）を参照。
6）ドーハ開発ラウンドについては，拙稿（2015）を参照。
7）デジタルAV機器，デジタル複合機・印刷機，通信機器，医療機器など201品目で，3年程度で関税撤廃を行うことが基本方針であり，交渉参加国は53カ国（外務省「WTO情報技術協定品目拡大交渉の妥結」2015年12月17日）。

【参考文献】

Stewart, Terence P. (ed.)（1993），*The Uruguay Round A Negotiating History*, Vol. I–III, Kluwer Law and Taxation Publishers.
小野田欣也（1995），「ウルグアイ・ラウンドと世界貿易体制の改編」白石孝編著『グローバリズムとリージョナリズム』勁草書房，第8章。
小野田欣也（1999），「国際貿易政策と世界貿易体制」深海博明編著『国際経済論』八千代出版，第6章。
小野田欣也（2015），「岐路に立つ多角主義」『杏林社会科学研究』31巻1号，2015年6月1日。
高瀬保編著（1993），『ガットとウルグアイ・ラウンド』東洋経済新報社。
津久井茂充（1993），『ガットの全貌』日本関税協会。
筑紫勝麿編著（1994），『ウルグアイ・ラウンド—GATTからWTOへ』日本関税協会。
東京ラウンド研究会編（1980），『東京ラウンドの全貌』日本関税協会。

（小野田欣也）

第7章
2030年エイズ流行終結に向けた対策と課題

はじめに

HIV感染症の予防と治療への国際的な取り組みにより，大きな成果が上がっている。2014年にUNAIDSは，2030年までにHIVの流行を終結するための戦略“Fast-tract approach”（「高速対応」）を提唱し，2020年までに抗レトロウイルス療法（antiretroviral therapy，以下ART）の普及率の大幅なアップやHIV感染予防の様々な方法を動員することで，新規HIV感染者とAIDSによる死亡数の大幅な減少を達成するという目標を掲げた[1)]。その実現ためにはこれまでよりも多くの資源が必要とされているが，2014年から2015年にかけて，HIV対策のために拠出された支援金が減少したことが判明し，「高速対応」の実現が早くも危ぶまれている。

このような状況を受けて，本章では，まず世界のエイズ流行の現状とこれまでの対策の成果及び「高速対応」の内容を概観する。そして，現在エイズ対策に投入されている資源の内訳と動向を分析した上で，「高速対応」の実現に必要とされている資源とエイズ対策に投入されている資源とのギャップを埋める方策について考察する。

第1節　世界におけるHIV／エイズの現状

2015年末現在，世界のHIV感染者は3760万人と推計されている[2)]。1990年時点におけるHIV感染者数は900万人であったが，その後急速に増加し，2001年には3000万人に達した。それ以後は緩やかに増加し続けている。感染

図7-1　HIV感染者数の推移（地域別，1990～2015年）

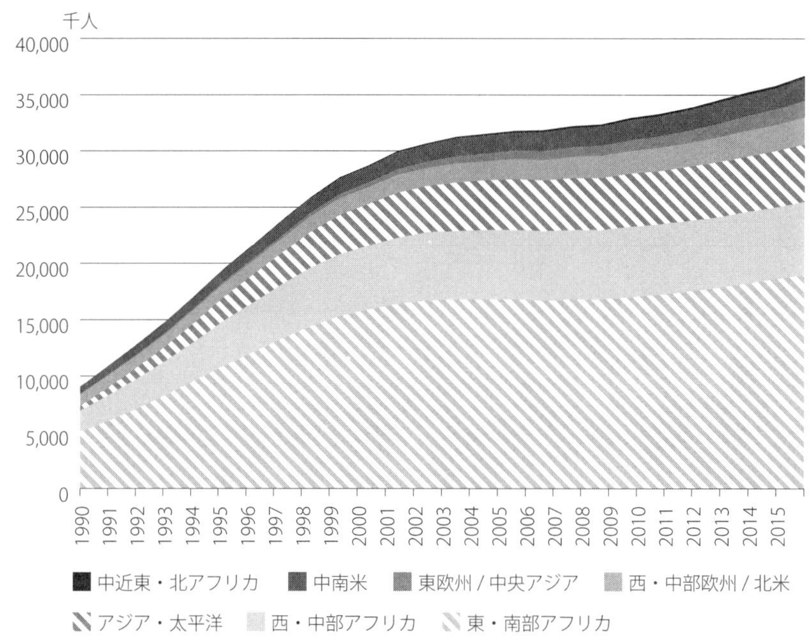

（出所）WHO Estimated numbers of people reciving antiretroviral therapy globally and by WHO Region and percentatge coverage globally, 2000-2015より筆者が作成。

者の約半分は東部・南部アフリカにおり，西部・中部アフリカを合わせると，感染者の約7割がアフリカサハラ以南にいることになり，アフリカにおけるHIV／エイズの負荷は過大である（図7-1）。

現時点でHIV感染症やエイズを根治する治療法は開発されていないが，1996年にARTが導入されたことにより，感染者の体内のHIVの増殖を抑え，エイズの発症を予防することは可能となった。当初，ARTの価格が高く，低・中所得国では限られた患者しか受けられなかったが，その後，ジェネリック薬の普及やグローバルファンドに代表される国際的な財政支援により，ARTの普及率は伸びた。

図7-2はARTの普及割合とエイズ関連死及び新規HIV感染者数の推移を示している。2000年時点で普及率は3％であったが，2015年末には，HIV感染者の約46％がARTを受けることができていたと推計されている。ART普

図 7-2　ART 普及率と AIDS 関連死亡数及び HIV 新規感染者数の推移（2000 ～ 2015 年）

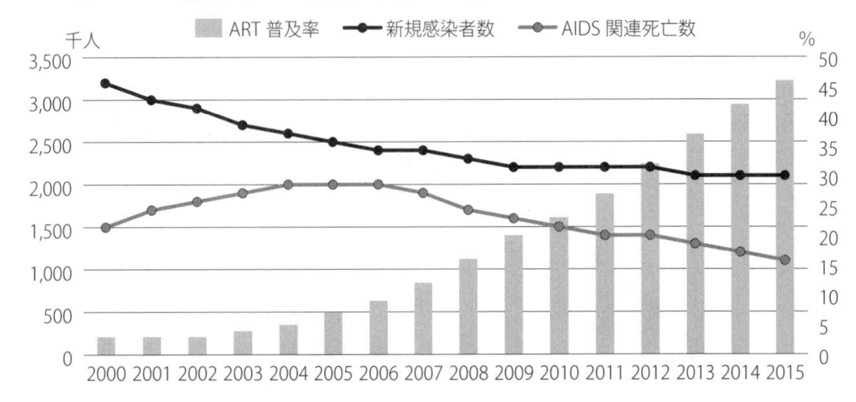

（出所）WHO Estimated numbers of people reciving antiretroviral therapy globally and by WHO Region and percentatge coverage globally, 2000–2015 及び UNAIDS 2016 estimates より筆者が作成。

及率の上昇に伴い，エイズ関連死亡数が減少しており，2015 年の死亡数は約 110 万人であった。この数自体は依然として大きいが，エイズ関連死亡数が 200 万人であった 2006 年から 8 年間で 45％減少したことになる。また，新規 HIV 感染者数も緩やかではあるが減少しており，2000 年には年間 320 万人であった新規感染者が，2015 年には 210 万人まで減少していた。新規感染の予防にはコンドーム利用や男性の割礼促進，母子感染予防プログラムへのアクセスの改善等の施策が寄与する部分も大きいと思われる。さらに，ART を適切に受けることで感染者体内の HIV の量を抑圧することが，HIV 感染予防に繋がっているということがわかってきたため，ART の普及が HIV 感染予防に一定の効果があったとも考えられる[3)]。

なるべく早期に治療を始めた方が患者の予後が良いことや，ART に予防的な効果も認められたことから，WHO は，2015 年に成人に関して HIV 感染がわかったらすぐに ART を始めることを推奨した[4)]。さらに，2016 年には，子どもや妊婦についても同様の勧告を発表した[5)]。現在では，Treatment as Prevention（予防としての治療，以下 TasP）が推進されており，HIV 検査によって感染していることがわかった場合は，すぐに ART を開始する Test & Treat という施策が多くの国で導入されている。

第2節　エイズ流行の終結を目指した戦略

2000年以降，ART普及割合の上昇，エイズ関連死亡数と新規HIV感染者数の減少という大きな成果があったが，2015年末現在，世界のHIV感染者の約半分しかARTを受けることが出来ておらず，世界的にみると，エイズは依然として15〜49歳の女性の死因上位を占めている[6)]。そのため，2014年にUNAIDSは，より多くの人がHIV感染予防，治療，ケアを受けることができるようにすることで，エイズの流行の終結を目指した戦略である「高速対応」を打ち出した。そして，2016年6月に開催された「エイズ終結に関する国連総会ハイレベル会合」の政治宣言にもその推進が盛り込まれた[7)]。

UNAIDSの「高速対応」の目標は，2020年までにHIV感染症の治療については，「90-90-90」を達成すること，2020年の世界の成人の新規HIV感染者を50万人に抑えること，HIV／エイズに関する差別をなくすことである[8)]。「90-90-90」とは，世界のHIV感染者の90%がHIVに感染していることを知り，その90%がARTを受け，その90%が他者への感染リスクを最小限にできるレベルまでHIVの量を抑圧することを意味している。そのためには，HIV感染予防については，性行為を行う際のコンドームの適切使用，成人男性の自発的割礼手術，TasP，曝露後予防投与（post-exposure prophylaxis；PEP），曝露前予防投与（pre-exposure prophylaxis；PrEP），抗レトロウイルス薬（ARV）配合のマイクロビサイド，治療については，Test & Treatといった，有効性が明らかになっているサービスを急速に拡大することが必要となる。特に，セックスワーカー，MSM（men who have sex with men），トランスジェンダー，薬物使用者，収監者など，HIV感染リスクが高いグループにおける，それらのサービスへのアクセスを向上させることは重要である。また，これらのサービスへのアクセスを向上させることと並行して，予防及び治療用ワクチンや完治療法などの研究開発を進めていく必要があることは論を待たない。

さらに，UNAIDSは2030年には，「95-95-95」，世界の新規HIV感染者20

万人，HIV／エイズへの差別をなくすことを目標として掲げている。これらが達成されればエイズ流行の終結を迎えることができ，2030年までに，2100万人の死亡と2800万人の新規HIV感染が回避され，追加的にARTを提供するために必要な240億ドルが節約されるとしている[9]。

また，ARTの普及拡大により，健康に日常生活が送れ，生産的な活動に従事できるHIV感染者が増え，生産性が向上し，経済的な効果があることもわかってきた。南アフリカのHIV感染者をART受療開始後5年間追跡したところ，前の週に通常の活動を行えなかった割合が47%から5%に減り，就業者が32%から44%に上昇し，就業者のうち業務をこなすことが難しいと回答した割合が56%から6%に減少したと報告されているおり[10]，ARTの普及が生産性の向上に寄与していることがうかがえる。

一方，上述したHIV感染予防や治療サービスがこれまでと同等のペースでしか拡大していかなかった場合，2030年の新規HIV感染者は250万人に，エイズ関連死は210万人にまで上昇し，これまでの成果が水泡に帰す可能性があると警告している[11]。

第3節　必要な資源

図7-3はアフリカサハラ以南のHIV感染者に関するカスケイド分析の結果を示している。2013年現在，同地域の15歳以上のHIV感染者は2470万人と推計されている。そのうち本人がHIVに感染していることを知っている割合は45%，ARTを受けている割合は39%，ウイルス量を抑圧できている割合は29%であった。HIV感染者のうちウイルス量を抑圧できている者は29%と低かった。しかし，HIVに感染していることを知っている者のうち，ARTを受けている割合は86%，そのうちウイルス量を抑圧できている割合は76%であった。

90-90-90の目標を達成するには，HIV感染を知っている者の割合を上げ，ARTを受け始めた者が今以上に継続して受けられるようにすることが肝要である。そのためには，相応の資源を投入する必要がある。2014年において，

図7-3　HIV感染症治療のカスケイド分析（アフリカサハラ以南，15歳以上，2013年）

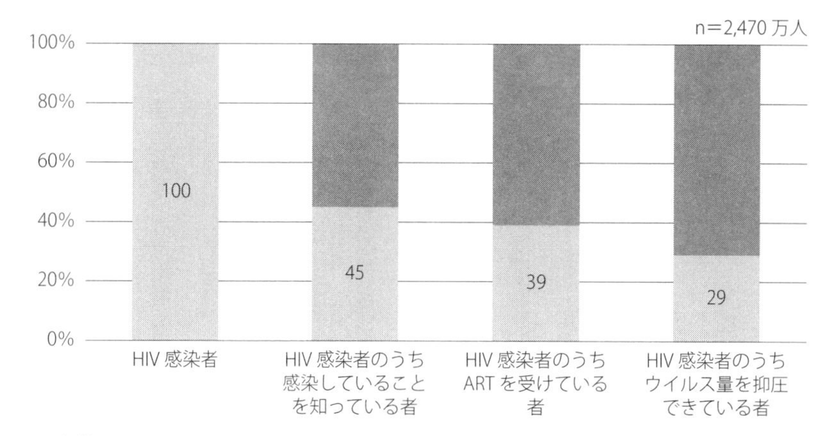

（出所）UNAIDS The Gap Report（http://www.unaids.org/sites/default/files/media_asset/UNAIDS_Gap_report_en.pdf）

低・中所得国のHIV対策に投入された金額は192億米ドルと推計されているが，「高速対応」を実現するには2020年までに少なくとも260億米ドルの投入が必要とされている[12]。また，UNAIDSによると，2013年の時点で，低所得国，低中所得国，高中所得国がHIV対策にそれぞれ55億米ドル，37億米ドル，8.7億米ドルを投入していたが，急速に資源配分を増やし，2020年にはそれぞれ97億米ドル，87億米ドル，172億米ドルを投入することが必要になるとしている。また，アフリカサハラ以南においては，2020年に194億米ドルが必要であると推計している[13]。

2015年には190億米ドルが低中所得国のHIV対策に投入されたが，「高速対応」を実現するためには，2020年までに，毎年80～120億米ドル[14]，別の推計では約70億米ドル[15]の追加的な予算が必要になるとも言われており，財源確保に向けた先進国を中心とした国際的な取り組みが重要となる。

HIV対策に関して，先進国から低・中所得国への援助の大半は，政府による二国間又は多国間，民間セクターによる援助の3つの方法によって提供される。二国間については，援助国が被援助国に対して直接支援するものある。多国間については，支援国から世界エイズ基金やWHOなどの国際機関に資金が拠出され，他の支援国からの拠出金と併せて，資金援助やプロジェクトを通し

図 7-4　援助国の HIV 対策への支援金の推移（2002 ～ 2015 年）

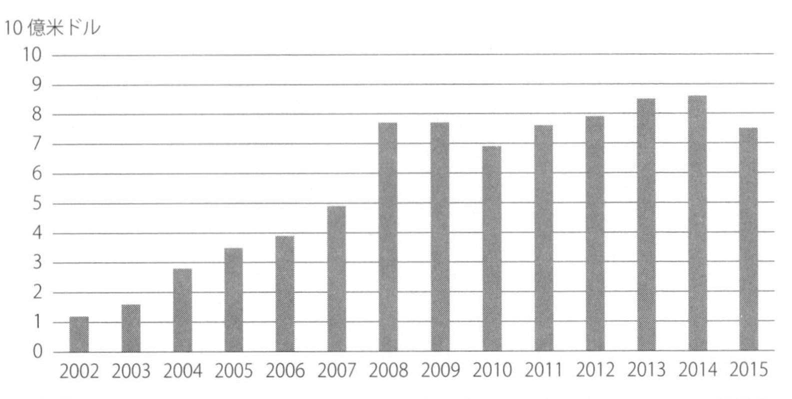

（出所）Kaiser Family Foundation & UNAIDS（2016）, Financing the response to HIV in low- and middle-income countriesより作成。

た援助を行うものである。民間セクターによる援助は，民間の援助団体から対象国又は団体に支援するものである。

図 7-4 は援助国による HIV 対策への支援金額の推移を示している。2010 年にリーマンショックの影響により前年を割り込んだものの，その以外は 2014 年まで毎年上昇していた。しかし，2015 年は 75 億米ドルと，前年比 13％減少となった。2015 年の支援金のうち，二国間が 74％，多国間が 26％を占めており，前年に比べてそれぞれ 11％，15％減少していた。この背景には，それぞれの自国通貨と米ドルとの交換レートの変動や資金を提供するタイミングが遅れてしまったことなどもあるが[16)]，援助国の多くが難民問題などの国内問題に資源を配分しなくてはならない状況であったということも関連している可能性も考えられる。

フランス，ドイツ，オランダ，英国，そして米国が大口の援助国であり，2006 年以来，この 5 カ国の援助が約 80％を占めていた。米国が最大の援助国で，2015 年においては，総額の 66.4％を拠出していた。一方日本は，2015 年に 1 億 1179 万米ドルを拠出しており，その内訳は二国間 11％，多国間 89％であった。日本の HIV 関連支援は多国間が中心であり，世界エイズ基金へは援助国中 5 番目に多い金額を拠出していた[17)]。

2016 年 9 月にグローバルファンドの第 5 次増資会合が開かれ，政府と民間セクターから，2017年から2019年の3年間に，合計129億米ドルの拠出誓約が出された。日本は8億米ドルの拠出を誓約した[18]。グローバルファンドは，エイズ，結核，マラリア対策を目的としているため，全てがHIV対策に使われるわけではないが，前回の増資会合に比べて10億米ドル多い金額であり，「高速対応」を実現のために必要な資金確保に一歩近づいたことになる。

おわりに

低・中所得国がHIV対策に利用可能な財源と，「高速対応」により2020年までに「90-90-90」の目標を達成するために必要な財源との間にはギャップがあることがわかった。2015の時点でHIV対策の予算の約60%は低・中所得国内の財源によって，約40%は二国間又は多国間援助や民間セクターによる援助によって賄われていた[19]。ギャップを埋めるには，援助額を増やすことと，低・中所得国内においてHIV対策への資源配分を増やすことしかない。

低・中所得国内の財源については，2009年から2014年にかけて，低・中所得国121カ国のうち84カ国でHIV対策への予算が増加されていたことが報告されている[20]。HIV／エイズの影響が大きいアフリカの国々は，2001年に出された「アブジャ宣言」において，各国の国家予算の15%を保健医療分野に配分することを宣言したが，達成できたのはタンザニアのみであった[21]。楽観的な見方では，低・中所得国が独自の財源であと10ポイントは多めに負担することが可能との報告もある[22]。各国がより多くの予算を保健医療部門，特にHIV対策に配分することが，国際社会のHIV対策への追加的な資源配分を促すためにも重要である。

国際社会，特に援助国がどのくらいの資源を配分できるかも重要である。各国政府と民間セクターが資金を拠出しているグローバルファンドの第5回増資会合では，前回に比べ2017年から19年にかけて拠出する金額が10億ドル増えた[23]。「高速対応」により2020年の目標達成に向けての朗報であるが，ギャップを埋めるには不足している。

日本のODAは，1997年度の1兆1687億円をピークに減少傾向をたどり，

2016年度は前年比97億円増の5519億円であったが，これは1984年度と同等の水準であった[24]。2014年度の日本のODAの対国民所得比は0.19％[25]であり，日本も含めた先進国間で合意されている0.7％には遠く及ばない状況である。また，日本は世界のGDPの5.6％を占めているが，低・中所得国のHIV対策費に占める日本の拠出金の割合は0.6％に留まっている[26]。経済力に見合った援助が期待されているが，今後日本のODAが急速に増加することは期待しにくい。しかし，日本政府は2016年5月の伊勢志摩サミットの議長国として，「国際保健のためのG7伊勢志摩ビジョン」を策定し，その中には「強固な保健システム及び危機へのより良い備えを有したUniversal Health Coverageの達成」が含まれている[27]。また，同年8月にナイロビで行われた第6回アフリカ開発会議（TICAD VI）でも，「強靱な保健システム促進」が「TICAD VIにおける我が国取組」で掲げられていた[28]。HIV対策そのものについて言及はされていないが，アフリカサハラ以南の多くの国々ではHIVが重要な健康問題であるため，Universal Health Coverageの達成や強靱な保健システム促進は直接・間接的にHIV感染予防や治療へのアクセスの改善に寄与するものと思われる。そのため，日本政府には，上述した宣言を実行するために，低・中所得国におけるHIV対策を含めた保健医療システムの強化のためにより多くの資源を配分することを期待したい。

【注】

1）UNAIDS, Fast-track: Ending the AIDS Epidemic by 2030.（http://www.unaids.org/en/resources/documents/2014/JC2686_WAD2014report，平成28年10月17日閲覧）

2）UNAIDS, Fact sheet 2016.（http://www.unaids.org/en/resources/fact-sheet，平成28年10月17日閲覧）

3）Cohen, M. S., McCauley, M. and Gamble, T. R.（2012）, HIV treatment as prevention and HPTN 052, Curr Opin HIV AIDS, 2012; 7（2）: 99-105, Odi: 10.1097/COH.0b013e32834f5cf2.

4）WHO 2015 Guideline on when to start antiretroviral therapy and on pre-exposure prophylaxis for HIV.（http://www.who.int/hiv/pub/guidelines/earlyrelease-arv/en/，平成28年10月17日閲覧）

5）WHO 2016 Consolidated guidelines on the use of antiretroviral drugs for treating and preventing HIV infection.（http://www.who.int/hiv/pub/arv/arv-2016/en/，平成28年10月17日閲覧）

6）United Nations, Political Declaration on HIV and AIDS: On the Fast-Track to Accelerate the Fight against HIV and to End the AIDS Epidemic by 2030.（http://www.unaids.org/sites/default/files/media_asset/2016-political-declaration-HIV-AIDS_en.pdf，平成28年10月17日閲覧）

7）United Nations, Political Declaration on HIV and AIDS: On the Fast-Track to Accelerate the Fight against HIV and to End the AIDS Epidemic by 2030.（http://www.unaids.org/sites/default/files/media_asset/2016-political-declaration-HIV-AIDS_en.pdf，平成28年10月17日閲覧）

8）UNAIDS, Fast-track: Ending the AIDS Epidemic by 2030.（http://www.unaids.org/en/resources/documents/2014/JC2686_WAD2014report，平成28年10月17日閲覧）

9）UNAIDS, Fast-track: Ending the AIDS Epidemic by 2030.（http://www.unaids.org/en/resources/documents/2014/JC2686_WAD2014report，平成28年10月17日閲覧）

10）Rosen, S., Larson, B., Rohr, J., Sanne, I., Mongwenyana, C., Brennan, A. T. and Galarraga, O.（2014），Effect of antiretroviral therapy on patients' economic well being: five-year follow-up, AIDS, 28: 417-424.

11）UNAIDS, Fast-track: Ending the AIDS Epidemic by 2030.（http://www.unaids.org/en/resources/documents/2014/JC2686_WAD2014report，平成28年10月17日閲覧）

12）United Nations, Political Declaration on HIV and AIDS: On the Fast-Track to Accelerate the Fight against HIV and to End the AIDS Epidemic by 2030.（http://www.unaids.org/sites/default/files/media_asset/2016-political-declaration-HIV-AIDS_en.pdf，平成28年10月17日閲覧）

13）UNAIDS, Fast-track: Ending the AIDS Epidemic by 2030.（http://www.unaids.org/en/resources/documents/2014/JC2686_WAD2014report，平成28年10月17日閲覧）

14）UNAIDS（2015），How AIDS Changed Everything.（http://www.unaids.org/sites/default/files/media_asset/MDG6Report_en.pdf，平成28年10月17日閲覧）

15）Kates, J., Wexler, A. and Lief, E., Financing the Response to HIV in Low- and Middle-Income Countries: International Assistance from Donor Governments in 2015.（http://www.unaids.org/en/resources/documents/2016/financing-reponse-to-HIV-in-low-and-middle-income-countries，平成28年10月17日閲覧）

16）Kates, J., Wexler, A. and Lief, E., Financing the Response to HIV in Low- and Middle-Income Countries: International Assistance from Donor Governments in 2015.（http://www.unaids.org/en/resources/documents/2016/financing-reponse-to-HIV-in-low-and-middle-income-countries，平成28年10月17日閲覧）

17）Kates, J., Wexler, A. and Lief, E., Financing the Response to HIV in Low- and Middle-Income Countries: International Assistance from Donor Governments in 2015.（http://www.unaids.org/en/resources/documents/2016/financing-reponse-to-HIV-in-low-and-middle-income-countries，平成28年10月17日閲覧）

18）グローバルファンド日本委員会（http://fgfj.jcie.or.jp/topics/2016-09-17_5threplenishment，平成28年10月17日閲覧）。

19）UNAIDS, Fact sheet 2016.（http://www.unaids.org/en/resources/fact-sheet，平成28年10月17日閲覧）

20）AVERT Funding for HIV and AIDS.（http://www.avert.org/professionals/hiv-around-world/global-response/funding，平成28年10月17日閲覧）

21）WHO（2011），The Abuja Declaration: Ten Years On.（http://www.who.int/healthsystems/publications/abuja_report_aug_2011.pdf，平成28年10月17日閲覧）

22）Barker, C. and Dutta, A.（2016），Potential domestic source financing for scaled up antiretroviral therapy in 97 countries from 2015 to 2020, A paper presented at 21st International AIDS Conference, Durban, South Africa, July, 2016.（http://programme.aids2016.org/Abstract/Abstract/3588，平成28年10月17日閲覧）

23）グローバルファンド日本委員会（http://fgfj.jcie.or.jp/topics/2016-09-17_5threplenishment，平成28年10月17日閲覧）。

24) 外務省,「ODA 予算」(http://www.mofa.go.jp/mofaj/gaiko/oda/shiryo/yosan.html#section3, 平成28年10月17日閲覧)。
25) OECD Aids at a glance charts. (http://www.oecd.org/dac/stats/aid-at-a-glance.htm, 平成28年10月17日閲覧)
26) Kates, J., Wexler, A. and Lief, E., Financing the Response to HIV in Low- and Middle-Income Countries: International Assistance from Donor Governments in 2015. (http://www.unaids.org/en/resources/documents/2016/financing-reponse-to-HIV-in-low-and-middle-income-countries, 平成28年10月17日閲覧)
27) G7伊勢志摩サミット2016「国際保健のためのG7伊勢志摩ビジョン」(http://www.mofa.go.jp/mofaj/files/000160313.pdf, 平成28年10月17日閲覧)
28) 外務省「TICAD VIにおける我が国取組―“Quality and Empowerment”―」(http://www.mofa.go.jp/mofaj/files/000183834.pdf, 平成28年10月17日閲覧)。

(北島　勉)

第Ⅱ部

中国の台頭と世界経済秩序の将来

第8章
「一帯一路」構想の変容

はじめに

「一帯一路」構想[1)]が3年前に提起され，今は中国外交政策の「重点」になっている[2)]。中国政府のエコノミストは「一帯一路」構想に関して，(1)古代シルクロードの復興を願い，沿線65カ国が相互連絡しあう意味を有すること，(2)「一帯一路」構想は開かれたシステムであり，排他的なものではないこと，(3)域内国家の相互連携だけでなく域内国家と域外国家との交流も期待すること，と説明している[3)]。上記の65カ国・地域の経済規模（GDP）は世界の約29%（2013年），人口で同約63%（同前）を占めているとされる。一方，「一帯一路」構想のターゲットは共同市場，共同体構想ではないし，WTO，FTAのような国際機構でもない。これはあくまでも地域発展のビジョンとして使用されているが，それに限らない。本章では「一帯一路」構想提起の背景，プロセスを考察し，構想の特質を明らかにしたい。

第1節　「一帯一路」構想の提起

1．リバランスへのリバランス

9.11後，アメリカは2つの戦争を続けて展開し，膨大な人力，資金が消耗された。一方「アラブの春」の民主化運動は中東・北アフリカに動乱をもたらし，ISと反ISの戦争で数十万人の死亡，数百万の難民をもたらした。この間，中国は世界第2位の経済大国に踊り出ており，アジアは世界経済の成長センターになっている。アメリカにとってアジアにおけるプレゼンスの維持，向上はますます重要な課題となっている。

2011年以降，アメリカはアジア太平洋における軍力を強化するリバランス政策を打ち出した。アメリカは中国との経済的関係を緊密に保ちつつも，中国のアジア周辺諸国に対する影響力を抑止する。さらに日本・韓国・オーストラリアなどとの軍事的同盟関係を強化し，アジア・太平洋地域での米軍の支配的な力量を維持する。アメリカは中国の経済面での影響力を抑え，環太平洋経済連携協定（TPP）などアメリカ主導の経済圏を構築しようとする[4]。

以上に見られたオバマ政権のリバランス政策に対して中国国内では「韜光養晦」を続けるべきかをめぐって議論がなされていた。結局中国政府の外交政策は「韜光養晦，有所作為」を経て2013年以降「發奮有為」を唱え大きな転換を遂げた。この転換は中国の国力増大を背景とするが，アメリカのリバランスに対するリバランスともいえる[5]。

2．中国経済の問題及び改革

TPPの意図については日本，アメリカの研究者が議論を尽くしてきたが中国の研究者は，TPPは単純な経済組織ではなく，政治的な意図を有すると指摘する[6]。中国の研究者はTPPを「中国包囲網」と解しているが，別に慌てる必要がないとも判断している。対抗措置を取らずにより大きな開放を通じて包囲を前進的に解消を図ろうとする見解が一般的である。

中国経済は，1970年代末から2010年まで毎年10%に近い成長を記録していた。2011年から成長率が低下し，2015年に6.9%にまで低下した。中国政府は経済の高度成長から中高度成長に移行する状態を「新常態」と定義し，高度成長期に残った問題，例えば生産能力過剰，投資による成長の是正などに対応を迫られている。この期間においては国際貿易，直接投資を通じて新しい市場を開拓し，生産能力を移転させることも至急の課題となっている。なお原材料・エネルギーの確保のために多様な輸入ルーツを開拓する必要がある。

TPP包囲網を突破し経済の活性化をはかろうとするために中国政府は「中国自由貿易実験区」の建設を決意し，投資規制の緩和，貿易手続きの簡素化及び金融サービスの開放等を断行しようとしている。

これは重大な決断であり，1980年の深圳経済特区の設立，1992年の浦東開発区の設立に匹敵する重要な意味を有する。2013年，中国政府は上海で初めての自由実験貿易区を設立した。この経験を踏まえて様々な改革を深める措置を導入している[7)]。

2014年12月28日，中国政府は更に広東自由貿易実験区，天津自由貿易実験区，福建自由貿易実験区及び上海自由貿易実験区の拡大を決定した。その後，中国政府は一気に，遼寧省，浙江省，河南省，湖北省，重慶市，四川省，陝西省で7つの自由貿易実験区を新たに設立し，中国の自由貿易区建設は新しい段階に突入した。

自由貿易実験区建設の背後には経済の自由化を通じて経済の活性化を促進させ中国包囲網を突破しようとする思惑がみられる。

3.「西進論」と慎重論

2012年，北京大学国際関係学院院長王缉思が「西進」構想を提起した。この構想は東に米日競争を維持すると同時に，中国外交の非重点地域であった中央アジアに進むべきであると提起した。王缉思は「西進」は「西部大開発」の戦略に合致すると述べている[8)]。2009年，北京大学教授の林毅夫，中国政治協商会議の許善達はそれぞれの角度から「新マーシャル計画」をもって世界金融危機に対処するという発想を提起した。次元こそ違うが，余剰資金や余剰生産能力を途上国に移転するところで一致する[9)]。上記の多くの提言は「中央財経領導小組弁公室」主任劉鶴に注目された。劉鶴は習近平のブレーンである。2013年習近平は「一帯一路」構想を提唱し，この構想は国家意志となっている。

一方中国国内においては「慎重論」が依然根強く存在している。一部の中国人研究者は，中央アジア地域の政局，安全保障環境は相当深刻なので「一帯一路」を遂行する際，慎重に進めるべきであると警告を発している。中央アジア諸国は旧ソ連邦の一部であり現在もロシアの影響が頗る大きい。現地の知識人，政治家は依然旧ソ連時代を懐かしみ，ロシアと緊密な関係を有する。その他に，米軍は，キルギス軍用空港を借り，NATOはウズベキスタンを経由してアフガニスタンへの物資を輸送しているなど，アメリカの中央アジアへの影響を軽視すべきではない[10)]。さらに，中央アジアの情勢が複雑で，「一帯一路」を推進する際には，イスラム原理主義勢力の影響も看過してはならないという意見も少なくない。

第2節　中国外交のパラダイムシフト

1．中国は「非同盟政策」を堅持するか

アメリカの中国包囲網強化に直面し「中ロ同盟」を作り直そうとする世論が出ている。1960年代中ソ関係が悪化した後，中ソ同盟関係は事実上解消された[11)]。1960代以降，中国は非同盟政策を奉じ今日まで発展してきた。しかし2010年代に入ってから，国際環境は日増しに厳しくなり非同盟政策を放棄せざるをえないと考えている人が増えた。たとえば清華大学教授閻学通は，国際情勢は「1超（米）多強」から「2超（米中）多強」へ転換するので非同盟外交政策を放棄し同盟政策を導入せよと呼びかけている[12)]。閻学通は中国の22の周辺国のうち12カ国は中国の「潜在的な同盟国」だと断言する。

1991年以降，ロシアは欧州化政策を行ったが挫折してしまった。2014年ウクライナ危機の後，ロシアは中国との関係を一層密接化するようになった。ロシアは中央アジアでロシアが提案する「ユーラシア経済共同体」を遂行すると同時に当該地域諸国の「一帯一路」構想に協力することに同意した。

アメリカは日本，韓国，オーストリアなどの同盟国と緊密に連携し，アジアへのリバランスを遂行している。一方中ロ関係は高度で緊密な関係を有しているが，中国はロシアと決して同盟関係を作らない。その理由は3つある。1つ目はここ40年近くの中国の高度成長は，戦後アメリカ主導の国際秩序のもとで実現されたものである。今後も引き続き非同盟を堅持し自由貿易を推進することは国益に有利であると判断している。2つ目は中ロの国境衝突の記憶がまだ新しい。3つ目は中ロは中央アジアにおいて利益が競合しているからである。

2014年以降，中国はベトナム，フィリピン等と南シナ海問題で争議を起こし，一時当該地域の緊張が高まったが，2016年10月現在では，緊張情勢が緩和された。中国は隣国関係を強化するために「周辺外交」を遂行し時間をかけて信頼醸成を図ろうとする。1997年と2008年の2回にわたる金融危機のなか

で，中国は東南アジアへの通貨供与などを通じて信頼を増強している。2010年，中国はASEANとFTAを締結した。これはEU，NAFTAに次ぐ世界3番目の自由貿易区となる[13]。

南シナ海の危機も「周辺外交」の枠で解決をはかるが，アメリカの同盟国や准同盟国による包囲に直面し，中国の「非同盟」政策は変更を迫られないであろうか。中国は長い間周辺諸国との関係を「結伴不結盟（道連れであり同盟はしない）」と位置づけ「非同盟」を貫いてきた。たとえば上海協力機構(2001年6月設立）は，特定の第3国に対して向けられたものではないと宣言し[14]，行動を同調する場合とそうではない場合がある[15]。

中国は多元的角度から安全保障問題を考えている。冷戦時代の安全保障観は「旧安全観」と呼ばれ，「国家」を安全の唯一の主体とする。しかし2009年以降，中国は「新安全観」を提起し「新安全観」は「非伝統安全観」を重視し，国際地域を主体とする「地域の安全観」，「人類安全」のほか「個人安全」「国民安全」も視野に入れて，安全保障の範疇を広めたのである。

2．理念としての「相互接続」

中国は旧ソ連崩壊の教訓をよく汲んで軍事対抗の道を歩まないことを選択した。冷戦時代と異なり，今現在の中国はアメリカの大部分の同盟国にとって第1位または第2位の貿易パートナーである。中国は多くの近代的価値観を導入し，経済交流，文化交流，人的往来などの手段を通じて，アメリカ及び周辺諸国の対中警戒感，不信感を緩和，軽減し，相互信頼を醸成することを期待している。「一帯一路」構想はアメリカとの正面衝突を避けるためにいろいろ考案したものである。

「一帯一路」の沿線国は，言語，民族，宗教及び歴史伝統の共通性が欠けている。しかし互いに行き来することは人間の本来の願望である。広大なユーラシア大陸，アフリカの多くの地域は依然インフラが貧弱である。当該地域の住民，政府はインフラ施設の建設を強く求めている。「一帯一路」構想の目標は，沿線諸国同士の高度な協力にありその実現にある。各国政府，住民は共に協力し，インフラを共に建設し提供する。「一帯一路」は，人類史上最大規模の投資活動計画である。この計画はユーラシア大陸の数多くの孤立した地域を統合し，将来的には共同体を構築することを目指すものである。

3.「一帯一路」構想と安全保障

地理からみれば中国の国土はユーラシア大陸の中心部の広大な土地を占めている。ここから四面八方にアクセスすることは可能であり，地縁政治の遂行に極めて有利な地理条件にある。「一帯一路」構想によって中国は，中央アジアを通じて欧州を抱擁する戦略を展開すると同時に，「中国・パキスタン経済回廊」「中国・インド・ミャンマー・バングラデシュ経済回廊」を通じてインド洋へアクセスする通路を切り開くことを目指す。この構想は一石二鳥の効果をもち中国の西部地域の安定をはかり，ここから欧州，南アジア，東南アジアへのアクセスが期待できる。

近代以降，海洋国家が次第に台頭し世界秩序の決定者になっている。海洋を制覇している国家は今日も依然世界秩序を維持している。しかし，21世紀に入り航空機，高速道路，高速鉄道により構成された交通網は，大陸国家の地位を強化した。インフラ建設技術は成熟しているので大陸国家同士の相互接続はますます容易になっている。今日もユーラシア大陸国家にとっては空港，高速鉄道，高速道路，発電所等は依然必要とされる。30年以上の高度成長で蓄積されたインフラ建設の技術，人材，資金は膨大なものである。中国は複数の巨大プロジェクトを一斉施工する能力を有している。技術，エンジニア，労働者，資金の確保が可能である。「一帯一路」構想の提唱は，中国の技術，エンジニア及び良質の労働者，資金の供与とユーラシア大陸の需要を巧みに結合させるものである。

2016年10月中旬，習近平はカンボジア，バングラデシュを訪問し，「海上シルクロード」戦略の推進に力を注いでいる。バングラデシュは「中国・バングラデシュ・インド・ミャンマー経済回廊」に位置していて，両国は双方関係を「戦略的なパートナーシップ」に格上げした。一方カンボジアは「一帯一路」構想を大いに支持する国であり，中国にとって大変重要な支持者である。

第３節 「一帯一路」構想沿線のリスクと挑戦

1．沿線国家のリスク

「一帯一路」沿線は不安定な国家が数多くある。これらの地域に進出する企業は必ず宗教衝突，国際テロ，政権不安定等のリスクを負わなければならない。如何にこれらのリスクを最大限低減させるかが課題となる。

「一帯一路」沿線国は，人口が少なく経済規模も小さいので市場は限られている。パキスタンは１億以上の人口を抱えているがGDPはわずか2500億米ドルである。この地域への協力はほとんど外部の力によるもの以外方法がない。投資回収のリスクも大きい。AIIBならば国際金融機関に勤務した経験豊富な専門家を抱えているが，中国政府が設立する「シルクロード基金」及び中国政府の融資は，回収できるのかどうか懸念されている。

この構想を沿線地域で展開させるために強引な手法は避けるべきである。習近平は「3つの共同」を提起し，沿線60余国・地域と「共商」「共建」「共享」の原則をもって当該構想を進めるとしている。

2．中国の対外援助に対する国内の批判

「一帯一路」構想は国際援助にすべきではない。中国の対外援助は膨大な損失を被ったことで国民からの不満が非常に強い。中国は1970年代までに，朝鮮，ベトナム，アルバニア，タンザニア・ザンビアに対する援助でいずれも失敗に終わった。改革開放後，国有企業の対外投資も失敗が多い。たとえばリビア，ベネズエラへの投資は，回収の見込みは極めて困難である。2013年，中国政府はパキスタンへ460億米ドルの巨額投資を公表し，中国国民を驚かせた。

鄧小平は毛沢東時代のような全面的な支援モデルを取りやめ，国内経済建設に没頭する。しかし江沢民，胡錦涛両政権のもとで対外援助の規模は再び増大した。習近平政権が誕生した後も，中国の経済力を背景に大規模対外援助プロジェクトが相次いで打ち出された。このようなやり方は毛沢東時代を想起させ

国民は強い懸念を抱いている。中国政府の対外援助の内容や結果などに関して必ずしも透明とはいえないので多くの人が情報公開を求めている。

2000〜11年に中国はアフリカ51カ国に1673のプロジェクトで援助し，総額は750億米ドルに達した。2014年，中国はアフリカに120億米ドルの発展援助を約束し，翌年さらにアフリカのインフラ建設に600億米ドル提供すると約束した。

中国の国有企業の対外投資の損失は極めて大きい。中国は海外投資企業を2万社有しているが，90%は赤字である。たとえば中国の200億米ドルに近い対リビア投資はほぼ回収不可能となり，ベネゼエラでは指導者の交代で500億米ドルの元借款は回収の目途が立っていない。2014年だけで中国の対外投資の損失は599億米ドルとなっている。

2015年12月，中国公民胡星斗は全人代常務委員会に『対外援助法』制定の嘆願書を提出し，次のようなことを求めている。① 対外援助（対外協力，国有企業の対外投資を含む）は必ず全人代または全人代常務委員会の許可をえなければならないこと，② 対外援助の詳細情報は必ず国民に公開すること，③ 対外援助は動乱または動乱の可能性の国，政局不安定の国，独裁国・地域を回避すべきであること，④ 対外援助の意思決定者，調印者は終身責任制をとり，職務を疎かにし，国家に重大な損失をもたらした者は行政責任を負うべきこと，⑤ 援助受入れ国の債務免除は当該国の貧困または極めて貧困な人口の比例が中国を上回る場合のみ認められるが，これを証明すべきであること，⑥ 対外援助はなるべく援助受入れ国の普通の国民に恩恵をもたらすこと，などである。

如何に毛沢東時代の対外援助と同じ轍を踏まないようにするのか。対外援助立法化，国際機構のルールの導入が重要であり，様々な投資，プロジェクトはAIIBのような国際機関の経験を借り，制度化することが不可欠である。

3.「対抗」から融合への飛躍

中国政府の発表だけでは「一帯一路」構想はあくまで「願景（ビジョン）」「框架（枠組み）」「建議」であり，「戦略」ではない。一部の人はこの構想は「曖昧」と批判している。しかし「一帯一路」構想は決して漠然で曖昧なものではない。

2015年3月，中国国家発展委員会，外交部，商務部が連名で「一帯一路」構想の目標について次のように指摘する。① 経済要素の規則正しくかつ自由的な流動を促進すること，② 資源の効果的配置かつ市場の高度の融合を促進すること，③ 沿線各国の経済政策の協調を促進すること，④ より広範囲で高水準の地域協力を行い，開かれた均衡で普遍的な恩恵をうける地域協力の契機をつくる，などである[16)]。これは中国政府の「一帯一路」について最も洗練された説明である。

習近平が2013年9月に最初に提出した「一帯一路」の構想から18カ月を経過し，中国国際政治専門家の「西進」提言より3年が経過した。「一帯一路」構想は実行段階へと移行し，実体化へ進んでいる。2つの金融機構が設立された。1つはAIIB（Asian Infrastructure Investment Bank）であり[17)]，57カ国が加盟した大所帯である[18)]。AIIBはすでに業務を開始した。もう一つは，中国政府系ファンド「シルクロード基金」で，中国政府が400億ドル（約4700億円）を拠出して独自に設置したものである。2015年4月，「シルクロード基金」はパキスタンの水力発電所の整備プロジェクトに16.5億米ドルを融資した。

「一帯一路」構想は最初はアメリカの包囲網を突破するために考案されたものであるが，2016年現在，この構想は最初の「西進」政策提言を遥かに超えたものに変身している。この構想はまず「対抗しない」，「敵を作らない」，「協調する」原則を貫く。中国政府は「一帯一路」が決して現存国際システムをひっくり返すものではない，むしろ現存国際社会システムの補完であると主張する。たとえば中国は多くの国際組織に加盟しているが[19)]，「一帯一路」構想はこれらの組織を取って代わることはしない。中国はこの構想をもって沿線諸国と政策交流，交通ルーツ構築，貿易交流，通貨交流，国民感情強化を推し進めようとしているのである。

おわりに

「一帯一路」構想は最初アメリカのリバランス戦略に対抗するために考案されたものである。しかし「西進」提言以来の3年間，当該構想は次第に性質が変わり，中国の国際政治経済哲学になり中国外交政策の要に変身している。

中国は広大なユーラシア大陸，アフリカ大陸で巨大なプロジェクトを推進し国際社会に自分の位置づけを定めてプレゼンスを高めようとしている。しかし「一帯一路」構想は一朝一夕に実現できるものではない。今後50年ないし100年間の長い歳月をかけて中国はこの構想を引き続き推進していくであろう。

【注】

1）2013年9月，習近平はカザフスタンのNazarbayev大学で「共に“シルクロード経済帯”を建設せよ」と提起し，同年10月習近平はインドネシアで「ASEANと一緒に“21世紀海上シルクロード”を建設せよ」と提案した。前者のエリアは「一帯」と呼ばれ，中国西部から中央アジアを経由してヨーロッパにつながる地域を指すものであり，後者の範囲は「一路」と呼ばれ中国沿岸部から東南アジア，インド，アラビア半島の沿岸部，アフリカ東岸を結ぶ地域を指すものである。「一帯一路」構想（英訳 One Belt And One Road）は，上記の2つの地域でインフラ整備，貿易促進，資金の往来を促進することを意味している。

2）2015年3月8日全国人民代表大会の記者会見で王毅外相は「一帯一路」構想を中国外交の「重点」と位置付けている。

3）2016年9月12日都内で開催された中国経済説明会で国務院発展センター対外経済研究部副部長趙晋平の説明。

4）アメリカは同盟国のAIIB加盟を阻止した。中国に対する敵愾心を有する証明である。

5）王玉主（2015），5-11頁。

6）李向陽（2015），6頁。

7）2014年3月1日に工商登録制度の改革がその一例である。

8）王缉思（2012），「“西進”，中国地縁戦略的再平衡」『環球時報』2012年10月17日。

9）財新伝媒編集部（2015），148-57頁。

10）葛剣雄他（2015），11頁。

11）1950年2月「中ソ友好同盟互助条約」が調印され，相互の軍事義務を定めた。1959年ソ連は中ソ技術協定の破棄を中国に通知した。1980年，同条約は延長せずに破棄された。

12）閻学通（2011），「一超多強開始向“両超多強”転換」『環球時報』2011年12月30日。

13）中国－ASEAN自由貿易区は19億人口，6兆米ドルのGDP，4.5兆米ドルの貿易総額を有する。

14）上海協力機構は現在中国，ロシア，カザフスタン，キルギス，タジキスタンおよびウズベキスタンを含む。第1回設立会議は上海で行われたのでこの名称を得た。構成メンバーの国土面積は3019万平方キロ，15億人口を抱えている。

15) 当該組織はテロ問題に対して譴責声明を発するが，必ずしもすべての重大問題に同一行動をとるとは限らない。
16) 中国国家発展委員会，外交部，商務部（2015)，「推動共建糸绸之路経済帯和21世紀海上糸绸之路的願景與行動」『人民日報』2015年3月5日。
17) これはアジアなど途上国向けの国際開発金融機構である。中国が主導する形で設立し。2015年業務開始。
18) 2016年6月25日，AIIB第1回年次会議が開催され，創設メンバー57カ国に加え，24カ国が新たに参加表明している。
19) たとえば上海協力機構，中国ASEAN10+1，APEC，アジアヨーロッパ会議（ASEM)，アジア協力対話会議（ACD)，アジア信頼措置醸成会議（CICA)，中国アラビア協力フォーラム，中国－湾岸国家協力委員会，大メコン圏（GMS）経済協力，中央アジア地域経済協力（CAREC）等。

【参考文献】

鄒磊（2015)，『中国「一帯一路」戦略的政治経済学』上海人民出版社。
本書編写組（2015)，『「一帯一路」簡明知識讀本』新華出版社。
葛剣雄他（2015)，『改変世界経済地理的「一帯一路」』上海交通大学出版社。
王霊桂監修（2016)，『全球戦略観察報告――国外智庫看「一帯一路」（Ⅰ）』中国社会科学出版社。
王霊桂監修（2016)，『国外智庫看「一帯一路」（Ⅱ）』中国社会科学出版社。
李克強編（2016)，『「一帯一路」沿線国家経済　巴基斯坦経済』中国経済出版社。
王義桅（2015)，『「一帯一路」機遇與挑戦』人民出版社。
財新伝媒編集部（2015)，『「一帯一路」引領中国――国家頂層戦略設計與行動布局』中国文史出版社。
胡偉（2016)，『「一帯一路」打造中国與世界運命共同体』人民出版社。
中国現代国際関係研究院（2015)，『「一帯一路」讀本』時事出版社。
李向陽（2015)，『「一帯一路」：定位，内涵及需要優先処理的関係』社会科学文献出版社。
王玉主（2015)，『「一帯一路」與亜洲一体化模式的重構』社会科学文献出版社。
麦金徳（2015)，『陸権論』群言出版社。
厉声他（2006)，『中国新疆歴史與現状』新疆人民出版社。
謝益顕編（2009)，『中国当代外交史（1949-2009)（3版)』中国青年出版社。

（劉　迪）

第9章
蔡英文政権登場と中台関係の行方[1)]

はじめに

2016年は，台湾にとって大きな変革の年となった。年明け間もない1月17日に総統（大統領に相当）選挙が行われ，8年振りの政権交代が起きた。民主進歩党（以下，民進党）の蔡英文が，当時の総統与党であり立法院（一院制の国会に相当）の第一党でもある中国国民党（以下，国民党）を破ったのである。

下野した国民党の前総統馬英九は，在任期間2期8年の間に対中傾斜を強める路線を進めていた。かねてより進んでいた経済面での対中依存度は深まり[2)]，政治面でも対中融和を進めた。中国と台湾が中華人民共和国と中華民国とに分裂して以来初の最高首脳会談を実現させたことは[3)]，この路線を象徴的に表している。

しかし台湾国内では，こうした対中傾斜に対する反発が強まっていた。馬英九の支持率は低迷し，概ね10%台をさまよった。さらに，馬英九政権の政策の目玉であった，中国との間の人と各種サービスの流れを自由化するサービス貿易協定（原語では「海峡両岸服務貿易協議」，略称「服貿協議」）[4)]の締結にあたっては，拙速な対中傾斜を危惧した学生集団による大規模抗議活動が起き，立法院での審議は中止された。この活動は「ひまわり学生運動」（原語で「太陽花学運」）と呼ばれ，1カ月弱もの間立法院議場を占拠し，それに呼応した10万人にも上る市民が学生支持のデモを行うなど広汎な盛り上がりを見せた[5)]。

今次総統選挙で，「親中」の国民党・馬英九を破った民進党・蔡英文は，台湾独立及び反中傾向を帯びていると目されている。本章では，主に2016年5

月20日の就任演説[6]及び半年後の10月10日国慶節（中華民国建国記念日）式典での演説で示された基本路線を読み解きつつ，果たして蔡英文政権は大幅な対中政策の変更をするのか，中国の武力行使を招きかねない台湾独立に向けて舵を切るのか，そして中国はどのように反応しているのか，これらの諸点について分析を試みる。

第1節　初の完全な政権交代

先ず，今次政権交代が有する大きな意味について確認しておこう。台湾における自由な選挙に基づく政権交代自体は，これで3度目であり何ら目新しいことではない。戦後の台湾では，国民党による権威主義体制が続いたが，1990年代初頭に全面的な民主化が達成され，その後も競争的な自由選挙によって国民党政権が続いた。2000年になり，民進党の陳水扁が総統に当選し，ようやく最初の政権交代が起きた。民進党・陳水扁政権は2期8年続いたが，2008年には馬英九が総統に当選し，2度目の政権交代となる。そして，2016年に民進党が再度政権を奪取し，3度目の政権交代となる。しかし，今次政権交代は，現地では民進党による初の「完全執政」と呼ばれている。立法院での議席数と直接民選たる総統権力の正統性の源泉となる民意の裏付けにおいて，従前とは大きな違いが見られる為である。

陳水扁政権下では，民進党は2002年から2008年まで立法院第一党ではあった。しかし，政治的立場の近しい小政党を加えた「泛緑陣営」[7]全体でも総議席の過半数に及ばず，国民党とその友好勢力を併せた「泛藍陣営」[8]が半数を占め立法院を制していた。その為，陳水扁政権は，予算案や法案の審議等で立法院からの強い掣肘を受け続け，政策の実現に困難を来していた。また，総統選の得票率[9]においても，芳しいものではなく民意基盤は脆弱であった。候補者が乱立した2000年の得票率は4割に満たず，第2位の候補者との差は3%強に過ぎなかった。緑藍一騎討ちの2004年に至っては辛うじて得票率50%を超えたものの，第2位との票差は1%未満であった。陳水扁政権では，立法院で総統与党が過半数を占められず，民意基盤も不完全な，いわば「不完全執政」状態であり，完全な政権交代とは呼べなかったのである。

それに対して，今次選挙において民進党は，総統ポストを奪還したのみならず，同時に選挙された立法院の議席でも，安定多数を確保している。久し振りの立法院第一党の座であり，初の単独過半数超え（約6割）を実現させた。総統選における得票率も56％強となり，第2位に25％以上の差，票数にして投票総数1240万票中[10)]の300万票以上の大差での勝利である。総統権力の裏付けとなる民意の基盤も大幅に強化されている。初の民進党「完全執政」を実現した蔡英文政権は，陳水扁政権が為し得なかった政策を実現することが可能となった。今次の政権交代が，大きな政策転換を伴うのではないかと見られる理由である。

第2節　台湾独立の可能性

民進党は，中華民国は台湾に根ざさず正統性に疑義のある「外来政権」であると断じてきた。中華民国とその支配政党であった国民党は，第二次世界大戦直後の中国における国共内戦敗北の結果として台湾に流入したに過ぎず，台湾を支配する正統性は有さないとしたのである。民進党綱領として，外来政権を排除し，台湾人の手による主権国家を新たな名義で建設することが目指された。これは台湾独立綱領と呼ばれる。

しかし，蔡英文は選挙時から一貫し，新国家樹立は求めず，中華民国を受容継承する方針を明言してきた。中華民国は中国起源ではあるが，台湾に根付いた「中華民国在台湾」であるという，1990年代の李登輝政権以来の国民党とほぼ同じ路線を踏襲している。中華民国は，中華人民共和国に属さない主権国家として台湾に存しており，事実上の台湾の国号であるという見解である[11)]。台湾独立の「台独」に対して，中華民国の「華」から「華独」と呼ばれる路線である[12)]。

この路線の踏襲は，就任式典でも確認された。象徴的なのが，国歌の扱いである。多くの民進党の地方自治体首長同様，かつて蔡英文は式典での国歌斉唱時には，「吾党所宗」という歌詞を歌わずにいた[13)]。この「吾党」が本来は国民党を指しており，国民党歌ともとれる為である（我が国の「君が代」歌詞論争にも類似)。しかし，就任式では，一文字漏らさず歌い上げ，この国歌を受容したことが確認されている[14]。

就任演説では，自らが中華民国憲法に従って総統に当選し，中華民国の主権と領土を守る責を負う旨が明示された。職位の正統性と任務が，中華民国体制に由来するものと認めたのである。また，中台関係についても，中華民国憲法と既存の両岸人民関係条例等に則り処理するとし，中華民国の現行憲政体制が政治的基盤の一つであると挙げている。つまり，中華民国という現状の維持であり，憲法を全面改定して台湾国家を建設することは間接的に否定されている。

国内外の制約からも，蔡英文が台湾独立を宣言する可能性は極めて低い。中国は，国内法の「反分裂国家法」で台湾独立に対する武力行使を明言している。そして中国が侵攻してきた場合には，現下の国際政治のパワーバランスを鑑みれば，諸外国が台湾を軍事的に支援するとは考えにくく，台湾にとっては不利な戦いとなる。よしんば台湾関係法によってアメリカが台湾を防衛してくれたとしても[15]，武力紛争によるリスクは計り知れない。また，頼みの綱のアメリカは，台湾による紛争惹起を嫌っており，歴代台湾政府に対して台湾独立を主張せぬよう圧力をかけてきた。

台湾民意の大多数も急激な独立ではなく，「中国によって支配されておらず，武力紛争も起きていない現状」の維持を望んでいる。中国と統一すべきか否かに関する世論調査では[16]，概ね30%強が現状維持後決定というモラトリアムであり，次いで永遠に現状維持が20%台半ばとなり，3番目が現状維持後に独立の20%前後である。なるべく早く独立は6%前後のみ，なるべく早く統一に至っては1%強に過ぎない。

第3節　対中距離のバランス感覚

台湾独立の明示を避けることの他にも，蔡英文政権は中国を刺激しない為の配慮を見せ，馬英九・国民党路線を一定程度継承している。但し，馬英九政権と異なるのは，中国と折り合いをつけつつも台湾の主体性確保をより優先させる方向に舵を切った点である。とりわけ，「一つの中国」（中国大陸と台湾は共に中国に属し，中国国家はただ一つである）原則の取り扱いに細やかなバランス感覚が見て取れる。「一つの中国」を明確に拒絶すれば中国が猛反発するのは確実であるが，完全に受け入れてしまった場合には，台湾の主体性を放棄し，最終的には中国による併合を受け入れるメッセージにもなりかねない。

国民党は，中国との間に「九二年コンセンサス」（原語では「九二共識」）が存在すると主張してきた。これは，1992年にシンガポールにて，双方の窓口機関[17]たる中国の海峡両岸関係協会と台湾の海峡交流基金会のトップが会談した際に達したとされる合意事項を指す。中台の間には「一つの中国」の原則が共有されており，「一つの中国」の内実については各自が解釈できるとしたものである（「一個中国，各自表述」）。「一つの中国」とは，中国にとっては中華人民共和国であり，台湾にとっては中華民国となる。しかし，以前の蔡英文はこの合意内容，ともすれば合意の存在自体に否定的であった。その為，中国は，「一つの中国」の前提に立った九二年コンセンサスの受容こそが安定した中台関係の基礎であり，新政権がこれらを受容しなければ中台関係は大きく損なわれると威嚇していた[18]。

蔡英文は就任演説で，九二年コンセンサスと「一つの中国」には明示的に触れていない。しかし，1992年の会談において，相互に若干の共通認識と理解があったという歴史的事実は尊重するとしている。また，「一つの中国」についても同様に，間接的に一定程度の受容をしている。

上述のように，中華民国の現行憲政体制を中台関係の基本とするならば，中台は完全な別国家とは捉えられない。中国大陸時代に制定され，中国全土を統治する建前の中華民国憲法とその下の法体系は，中国大陸を「別国家」として扱い得ないのである。特に両岸人民関係条例は，「一国家二地区」（一つの中国の下での大陸地区と台湾地区）の枠組みで中台関係を処理する法である。中台関係の処理において，「一つの中国」の法的枠組みを受け入れていると倣なすことが可能である。こうした中台関係についての基本的な考えは，国慶節においても強調された。

就任演説における中台関係を示す言葉遣いにも，対中配慮が見られる。陳水扁が2期目の就任演説[19]で「中国と台湾」という表現を使っていたのに対して，あくまでも「両岸」（台湾海峡の両岸）という表現に終始していている。自国を表す際にも同様であり，同じく陳水扁が「台湾」の名を繰り返して使っているのに対して，蔡英文は一度も台湾という言葉を使っていない。中華民国や「私たち」（原語，「我們」）という言い回しに終始していることは特筆に値する。

しかし他方では，中国との距離を保つ努力も払われている。就任演説では，中国への経済依存を減らすべく，「単一市場への過度の依存」を戒めた。多国間の経済枠組みであるTPP（環太平洋パートナーシップ協定）やRCEP（東アジア地域包括的経済連携）に加盟することでリスクを分散し，東南アジアや南アジアと連携する「新南向政策」をとって貿易の多元化を推進することも，経済改革の第一歩の具体的政策目標として挙げられている。また，自由民主や人権等の普遍的価値観を共有できるアメリカ・日本・ヨーロッパの民主国家との関係強化も謳われ，暗に中国とはこれらの価値観を共有できないことが示された。特に，日本との関係強化は重視されている。中国という，いわば「共通の敵」を戴く日本とは，戦略的な利害が一致する為である。これらもまた，国慶節で再度述べられている。

第4節　中国の反応

上海台湾研究所常務副所長の倪永杰は蔡英文の路線を非難し，蔡英文の政策目標は，両岸関係に安定のみを求めて発展は求めず，リスクマネジメントのみを行って成長はさせず，両岸をより疎遠にしようとすることにあるとしている[20]。つまり，中国とは敵対はしないが，近づこうともせず，統一を目指さないことは明らかであるとの指摘である。この分析は実のところ正鵠を射ており，蔡英文の対中政策を端的に表している。中国国務院台湾弁公室も不満を露わにしており，演説内様は「不十分な答案」であるとして，九二年コンセンサスと「一つの中国」の明示的受容を迫っている[21]。但し，全面的な対決・否定姿勢ではない。多少は中国に譲歩しているがまだ「不十分」との趣旨である。今後，台湾側からのさらなる譲歩が引き出されるまで，交渉や対話は，完全に断絶しないまでも中断・凍結はされるであろう[22]とのメッセージである。

他方で様々な圧力も加えている。就任前より実施してきた団体観光客の台湾への送り出し制限[23]や，台湾からの検疫や手続きに名を借りた農産物輸入制限等の事実上の経済制裁[24]も続く公算が高い。さらに，50万人以上ともいわれる在中国台湾人ビジネスマンや中国進出台湾企業への圧力も高まろう。また，各種の国際的な組織における台湾の参加を阻む圧力も高まっている。蔡英文政権発足当初は，WHA（世界保健機関の年次総会）への参加は許容したものの，その後はICAO（国際民間航空機関）やICPO（国際刑事警察機構）の会合への参加阻止や，台湾籍NGO代表の国連でのスピーチ排除などが続いている。

蔡英文の対中配慮は一定の成功を収めつつも，中国側の不信感を払拭することはできていない。蔡英文が，台湾の主体性を維持と強化を目指す以上は，不可避な対立である。中国側の反応は，概して冷淡且つ高圧でありつつも抑制的であり，中台は穏やかな冷戦状態にあると総括できよう。しかし，後述するように，対中政策ではなく蔡英文政権の国内政策によって，中国の反発が強まる傾向も見られる。

むすびに代えて：移行期正義と中台関係の悪化

以上見てきたように，蔡英文はドラスティックには対中政策を転換させていないし，それを可能とする条件も備わってはいない。ましてや，台湾独立宣言の可能性はほぼあり得ない。蔡英文は，台湾の主体性確保を目指しつつも，中国との紛争を招かぬよう，国民党路線を上手く継承して様々な対中配慮を行った。その結果として，中国は台湾に対する圧力を継続・強化させながらも，かつての陳水扁時代のような敵対状態には至っていない。しかし，蔡英文が志向する別の政策が，思わぬところで中国の苛立ちを煽っている。中国が「文化台独」[25]と非難する，「転型正義」の開始である。

「転型正義」に本格的に取り組む方針が就任演説では明記された。転型正義は，Transitional Justice の中国語訳であり，日本語では移行期正義と訳されることが多い。内戦や戦争の終結後に，あるいは民主化後に，戦時下や独裁政権下での人権侵害・虐殺等の反人道行為の真相を究明し，責任を追及することで「正義を実現する」取り組みである[26]。それによって，真の和解と新たな国家統合を図るのが狙いとされる。

台湾では，例えば国民党政権に反抗した台湾市民が大量虐殺された1947年の「二・二八事件」やその後に引き続く白色テロ，権威主義体制下での政治的弾圧の真相究明と責任の追及や犠牲者の名誉回復が該当する。その為に，「真相と和解委員会」を設置し，3年以内に調査報告書を完成させると就任演説では宣言している。就任式典では，この政策を象徴するかのように，台湾の歴史を表現する劇「台湾之光」が上演され，その中では二・二八事件も題材に取り上げられた[27]。その場面では，後ろ手に縛られた市民が，兵士によって次々と撃ち殺される演出がなされた。国家的式典の場で，このような白色テロの告発が上演されるのは史上初である。

この正義を回復させ被害者を救済するという文脈で，かつて国民党が権威主義体制時代に教育を通じて流布した歴史観全体も，見直しが図られる。例えば，台湾の地は誰のものかという根源的な観点が変わる。国慶節では，中華民国を「換骨奪胎」するという表現も用いている。

国民党が流布した中国的な歴史観では，台湾は古より中国に属し，現在の台湾人口の9割超を占める漢族が数百年もの間に中国大陸から渡ってきて開拓した土地であると捉えられる。しかし，台湾土着の視点に立てば，台湾の地は先史時代からマレー系（あるいはオーストロネシア系）の台湾先住諸部族（原語で「原住民」）の暮らす場所であり，漢族は後から来て土地を奪っていった侵入者となる。就任演説では，誰が先に台湾に暮らしていたかを忘れるべきではなく，新政府は「お詫びの態度」で先住民に向かい合うべきとした。そして2016年年8月1日には，総統として公式に台湾先住民に対して謝罪を行っている[28]。こうした歴史観は，台湾という土地が歴史・文化的に中国に帰属する必然性をも大幅に減じさせ，中国との距離感はより大きくなろう。中国側が苛立ちを募らせる所以である。

また，正義の回復は，世界で最も裕福だといわれた国民党の党有資産[29]にもメスを入れる。国民党権威主義体制は，台湾を日本から接収した際に本来国庫に入るべき多様な資産を掠め取った疑惑が持たれている。また，権威主義体制時代に，その権力を利用してやはり不正に理財・蓄財を行った嫌疑もある。2016年7月下旬には，通称「不当党産処理条例」（正式名称「政党及其附随組織不当取得財産処理条例」）が立法院で採択され，政党や各種団体が不当に取得した財産を調査し，それらを没収したり国庫へ返納させたりすることが可能となった。この制度が本格的に稼働して国民党有資産に司直の手が入れば，国民党の財政基盤は崩壊し，今後選挙での国民党の再起が困難になる可能性が高まる。それは，台湾における対中融和派の生存空間が狭まることのみならず，中国が対話の相手や台湾世論分断工作の対象として働きかけている政治勢力が事実上消滅することをも意味する。これもまた，中国側が神経を尖らせるポイントである。

実際に国民党は危機感を募らせ，収入源確保の為に地方支部の店舗として貸し出しや[30]，資産凍結前に党専従職員に給与をまとめて前払いすることも[31]検討された。また，国民党の焦燥感を示すかのように，党主席・洪秀柱は，中国同様の文化台独批判を繰り広げ，さらには衆目の顰蹙も憚らず台北故宮博物院所蔵の中国起源の文化財・国宝は本来党資産であると[32]さえ主張している。

移行期正義は，国民党権威主義体制の精算だけに止まらず移行期正義の追求は，台湾社会を大きく変え，延いては中台関係にも影響を及ぼす劇薬にもなり得るのである。

【注】

1）本章は杏林社会科学研究第32巻第2号（2016年，杏林大学社会科学会）所載の拙稿「台湾・蔡英文政権の対中路線転換と限界」を加筆改稿したものである。
2）馬英九政権期の中国への経済依存の概略については渡辺剛（2015a）8-9頁を参照のこと。
3）2015年11月16日にシンガポールにて行われた，中華人民共和国国家主席・胡錦濤と中華民国総統・馬英九による中台会談を指す。
4）服貿協議は，中台間の実質的なFTA（自由貿易協定）であるECFA（経済枠組協定）の一部として実施されたものである。
5）ひまわり学生運動と市民の反応の詳細については，渡辺剛前掲，11頁と渡辺剛（2015b），31頁を参照のこと。
6）本章での蔡英文総統就任演説及び国慶節演説のテキストは，中華民國總統府HP（http://www.president.gov.tw）所載のものとする。
7）民進党のシンボルカラーが緑であり，反中的で台湾ナショナリズムに共鳴する勢力は緑陣営と呼ばれる。「色」をキーワードとした政治ブロックの形成については若林正丈（2002）を参照のこと。

8）国民党のシンボルカラーが青（藍）であり，対中融和的で中国ナショナリズムを引き継ぐ勢力が藍陣営と呼ばれる

9）本章で述べる選挙結果や議席数については，國立政治大學選舉研究中心資料庫のデータベース及び中華民國中央選舉委員會のデータベースの数値に依拠している。

10）有権者総数は1900万人弱となる。

11）但し，国民党と民進党とでは，論理が若干異なる。国民党は，中国国家の末裔としての中華民国である。民進党は，単に現存する国家体制としての中華民国で，中国との連続性は捨象される。

12）華独については，渡辺剛（2016a），7頁。

13）「不約而同？民進黨主席，市長都拒唱『吾黨所宗』」『自由時報（電子版）』2015年10月10日。

14）「蔡總統唱國歌 開口唱出吾黨所宗」『中央社（電子版）』2016年5月20日電。なお，この報道では，就任式典で歌っている場面の動画も掲載されている。

15）アメリカ国内法である台湾関係法に依れば，アメリカは，台湾が自らを防衛する兵器を供与し，台湾の未来を非平和的な手段で一方的に変えようとする企てを座視しえない趣旨の記述が見られ，中台紛争には何らかの介入をする可能性が極めて高い。但し，直接的な武力介入は明示されていない。

16）世論調査の数値は，中華民國行政院大陸委員會民意調査データ各年次と國立政治大學選舉研究中心の統計に依拠している。

17）中台は相互に政府を承認しておらず，政府部門間での交渉はできない。そこで，「民間団体」を通じて交渉を行う形式を用いている。

18）「國台辦：不承認九二共識　勢必改變兩岸現狀」『蘋果日報（電子版）』2016年4月27日。

19）蔡英文の就任演説同様，陳水扁の就任演説も中華民国総統府HP所載のテキストに依拠している。

20）「倪永杰：蔡英文連大陸的低標都沒達到」『聯合報（電子版）』2016年5月23日。

21）「國台辦：蔡英文的演說是1份沒有完成的答卷」『聯合報（電子版）』2016年5月20日。

22）「國台辦：確認九二共識才能協商」『經濟日報（電子版）』2016年5月22日。

23）「少3／4陸客來台 下半年更凍 傳甚至不能赴台南，下榻高雄飯店」『工商時報（電子版）』2016年6月17日。

24）「陸加強檢疫台灣水果 台商受衝」『中央社（電子版）』2016年5月26日電。

25）文化台独については，渡辺剛（2016b），6-7頁を参照のこと。

26）移行期正義の概略については，吉川元（2013），8頁を参照のこと。

27）「520就職府前表演 出現228事件」『自由時報（電子版）』2016年5月20日。

28）「蔡總統向原住民道歉」『聯合報（電子版）』2016年8月2日。

29）国民党の運営資金を賄う党営事業とその資産の詳細については，松本充豊（2002）を参照のこと。

30）「不當黨產條例若通過？蘇清泉：鄉鎮黨部租給咖啡業者」『自由時報（電子版）』2016年6月17日。

31）「傳預付黨工薪水 國民黨：尚未定案」『中央社（電子版）』2016年8月5日電。

32）「洪秀柱：黃金，故宮國寶都應列為國民黨黨產」『自由時報（電子版）』2016年8月18日。

【参考文献】

《論文》

松本充豊（2002），『中国国民党「党営事業」の研究』アジア政経学会。

吉川元（2013），「正義と国際社会」『国際政治』171号，日本国際政治学会，1-14頁。

若林正丈（2002），「台湾政治の色彩学」『東亜』第416号，霞山会，10-20頁。

渡辺剛（2015a），「抵抗する台湾『国民』アイデンティティー」『国際問題』No. 643，7-16頁，国際問題研究所。

渡辺剛（2015b),「中台関係の深化は統一に至るか？」『東亜』No. 580，霞山会，44-52 頁。
渡辺剛（2016a),「周子兪事件が及ぼした中台関係へのインパクト」『東亜』No. 585，霞山会，7-6 頁。
渡辺剛（2016b),「中国の警戒する『文化台独』」『東亜』No. 591，霞山会，6-7 頁。

《データベース》
國立政治大學選擧研究中心資料庫（選挙結果 http://vote.nccu.edu.tw/cec/vote4.asp?pass1=B 及び統独民意動向 http://esc.nccu.edu.tw/course/news.php?Sn=167#)。
中華民國行政院大陸委員會民意調査データ各年次（http://www.mac.gov.tw/lp.asp?ctNode=6332&CtUnit=3932&BaseDSD=7&mp=1)。
中華民國中央選擧委員會データベース各年次（http://db.cec.gov.tw/)。

《新聞・通信社》
『經濟日報（電子版)』各号（http://money.udn.com)。
『工商時報（電子版)』各号（http://www.chinatimes.com)（中國時報グループ)。
『自由時報（電子版)』各号（http://news.ltn.com.tw)。
『中央社（電子版)』各号（http://www.cna.com.tw)。
『蘋果日報（電子版)』各号（http://www.appledaily.com.tw)。
『聯合報（電子版)』各号（http://udn.com)。

（渡辺　剛）

第10章
米中間で「新型の大国関係」は可能か？

はじめに—「新型の大国関係」とは何か

2010年代のアジア地域の戦略環境は，大きく変化を遂げつつある。アジア地域で最も重要なトレンドは，中国の経済力と軍事力が成長し続けており，日本や東南アジア諸国など周辺国と域外覇権国のアメリカがそれに適応しようと反応を見せていることである。周辺国に対する中国の行動は，2010年から明らかに高圧的なものとなり，場合によっては好戦的である[1)]。2007年から2009年までに深刻化した，100年に一度の21世紀型の世界金融危機で，アメリカが主導してきた「新自由主義」の政策と規範が大きく揺らぐなかで，中国は，予測してきたアメリカの凋落を今や確信し，自国の台頭に自信を強めたように見える[2)]。

たとえば，中国は，南シナ海における海域と資源のほぼすべてを手中に収めるべく領有権を主張し，ベトナムやフィリピンと繰り返し対立している。また，東シナ海では，中国は，尖閣諸島に対して日本に圧力を高めており，漁船や政府の艦船，戦闘機を周辺海域・空域で活動させている[3)]。オバマ政権が特に2011年11月から「アジア旋回（pivot to Asia）」ないし「再均衡（rebalancing）」の政策を打ち出すと，アジア地域で中国が正当な地位を占めようとしていることを防ぐために，アメリカが中国を取り囲み，封じ込めることを模索していると，中国は警戒感を隠さない[4)]。

2012年秋に新しい指導部の顔ぶれが公式に判明した中国は，日本に対して圧力を緩めない一方で，アメリカに対しては「新型の大国関係」を構築することを提案している。こうした異なったアプローチの背景には，アメリカへの友好的な政策対応がアメリカの同盟国日本を孤立させるのに役立つという考え方があると思われる[5]。「新型の大国関係」とは，中国政府によれば，かつての大国間政治のように衝突と対立が戦争へとエスカレートすることを防ぐために，お互いの「核心的利益」を尊重し合い，「ウィン・ウィン」の関係を構築することを意味する[6]。はたして，米中間で「新型の大国関係」は可能であろうか―。

第1節　アメリカの「牽制と抱擁」ないし「統合と牽制」の両面政策と不吉な結末

アメリカは，冷戦後，ジョージ・ブッシュ・シニア政権からオバマ政権まで驚くべきほどの一貫性をもって，台頭する中国に対して，「牽制と抱擁（hedge and embrace)」ないし「統合と牽制（integrate, but hedge)」の両面政策を遂行してきた。中国への関与を模索しつつ，牽制の要素と両立させようとしてきたのである。もちろん，歴代の政権はこれらを組み合わせる度合いにおいて，ニュアンスの違いを見せてきた[7]。クリントン政権2期目に本格化した「関与と拡大（engagement and enlargement)」の国家安全保障戦略と，米中間で21世紀にむけて「建設的かつ戦略的なパートナシップ」を模索する政策対応には，関与に偏り過ぎて，牽制の要素が乏しすぎると，議会共和党から批判が生じた[8]。また，オバマ政権は1期目，関与政策を強く志向したが，やがて牽制の要素を強め，「アジア旋回」ないし「再均衡」の政策へと移行した。

こうした関与と牽制を組み合わせた戦略には，大きく2つの政策目標があった。第1に，アメリカは，既存のリベラルな国際秩序に挑戦するのではなく，それを強化することに利益があることを中国に理解させることで，特に国際経済秩序に中国を組み込もうとしてきた。中国を封じ込めるのではなく，中国に関与することで，中国を国際経済秩序に関与させようというわけである。第2に，アメリカは，中間層の成長などのトレンドを間接的に後押しして，中長期的に中国の国内政治システムの民主化につながることに期待を寄せてきた。こうして，「関与と拡大」とは，中国に関与することで，中国国内で民主主義が拡大することを期待するものであった[9]。

しかし，30年以上にわたって中国を分析してきたジャーナリストのジェームズ・マンは，『危険な幻想（*The China Fantasy*）』で，中国が自由を重んじる民主主義にスムーズに移行するという「心地良いシナリオ」は幻想だったとわかるであろう，と予言し，次のように警告している。「中国が今のように順調な経済成長を続けるとしても，その政治体制は基本的には変わらないのではないか。今から25年先，30年先，より豊かで，国力の大きくなった中国が，相変わらず一党支配下に置かれ，組織的反対勢力は今と同じように弾圧されているのではないか。その一方で，中国は対外的には開放され，貿易や投資その他の経済的な絆で世界各地と深く結びついている」のではないか[10)]。

プリンストン大学のアーロン・フリードバーグは，『支配への競争（*A Contest for Supremacy*）』で，中国共産党は絶滅に瀕しているどころか，この先何十年も生きながらえる，と予言する。フリードバーグは，中国国内の政治システムが大きく変革し，民主化やリベラル化しなければ，米中間での地政学的な対立と競争は不可避である，と警告する。もちろん，「チャイメリカ（米中間の相互依存の深化）」や核兵器の存在，「責任ある利害共有者（国際制度への統合と「社会化」）」，共通の脅威認識など，米中間の対立を緩和する要素もあるが，大国間の権力移行期にともなう地政学的な競合と，イデオロギーや政治体制の相違は，米中間の地政学的な対立を劇的に緩和することはなく，米中関係を決定的に対立させる方向性に導く，とフリードバーグは論じる[11)]。

歴史家のニーアル・ファーガソンは，『憎悪の世紀（*The War of the World*）』で，振り返ってみれば20世紀の「本当の物語」は「『西洋の勝利』ではなく，ヨーロッパ帝国の危機と，その結果避けようもなく生じたアジアの復興と西洋の衰退」だと論じている。1900年までに圧倒的な優位を築いた西洋（この場合，主としてヨーロッパを指す）は，「50年戦争」という前例のないほどの暴力と破壊のなかで自らを苦しめていく。ファーガソンが語るところでは，第二次世界大戦は東洋の台頭と西洋の没落の「決定的な転換点」となった。以上の内容は，フリードバーグも引用している[12)]。

「パンダ・ハガー（パンダを抱く人）」を自認してきたマイケル・ピルズベリーは，『2049（*The Hundred-Year Marathon*）』で，中国のタカ派や保守派，ナショナリストたちは，「過去100年に及ぶ屈辱に復讐すべく，中国共産党革命100周年にあたる2049年までに，世界の経済・軍事・政治のリーダーの地位をアメリカから奪取する」という「100年マラソン」計画を慎重かつ虎視眈々と推し進めてきた，と警告する。「100年マラソン」の目的は復讐，つまりヨーロッパの大国と日本に味わされた過去の屈辱を「清算」することであるという。「そうすれば中国は，自国にとって公正な世界，アメリカの支配なき世界を構築できる。そして，第二次世界大戦中のブレトンウッズ会議と大戦後のサンフランシスコ会議で土台が築かれた，アメリカを頂点とする世界秩序を修正することができる」という。また，「タカ派は，この計画は策略によってのみ達成できる，少なくとも，諸外国を怯えさせるような計画など持っていないというそぶりをすべきだ，と考えていた」と指摘される。さらに，「ただ300年前に誇っていた世界的地位の回復は彼らの悲願である。当時，中国は世界経済のおよそ3分の1を掌握していた。今に移せば，それはアメリカの2倍の力を持つことを意味する，とタカ派は言う」という[13)]。

他方で，中国に対して同情的なのは，たとえば，ヘンリー・キッシンジャーである。彼は『中国（*On China*）』で，次の通り指摘する。「自分たちは台頭しているのではない，大国の座に戻ってきたのだと，中国は自認している。・・・強い中国が世界の経済，文化，政治，軍事に影響を及ぼすのは，世界秩序に対する不自然な挑戦とは彼らは思っていない。むしろあるべき姿への回帰だと考えている」[14)]。また『世界秩序（*World Order*）』では，以下の通り，指摘される。「21世紀に中国が卓越した地位に『昇った』ことは，決して目新しくはなく，歴史上の図式を再現したにすぎない。際だった違いは，中国が古代文明の継承者と，ヴェストファーレン・モデルに則った現代の大国の両方になって復帰したことだ。・・・中国は，将来の国際ルール作りでは中国が中核となり，ことによると現在広く行われているルールを改定するような方向に，国際秩序が発展することを期待するであろうし，遅かれ早かれ，その期待に沿って行動するだろう」[15)]。

中国はいつ，アメリカを追い抜くのか―。フリードバーグの議論を再び参考にする。よく引用される2003年のゴールドマン・サックスによる調査では，中国は2041年にアメリカを追い抜くと予測されていた。その5年後，カーネギー財団のオルバート・ケーデルは，2035年が分岐点だと発表した。ノーベル経済学賞受賞者のロバート・フォーゲルは2010年に，「2040年までに中国はアメリカをはるか遠くに追い抜くだけでなく，アメリカの3倍の規模を持ち，世界経済の40%を占める」と予測した。「これこそ，経済的な覇権の姿と言えよう」という[16)]。

第2節　大国間戦争は時代遅れになったかもしれないが，大国間対立はそうではない

これまで繰り返し引用してきたフリードバーグは，『支配への競争』のイントロダクションの冒頭で，米中対立の深層について，以下の通り，鋭く分析する。「多くの専門家の見解とは異なり，出現しつつある米中対立は，単なる誤解や，変更が容易な誤った政策によるものではなく，変化する国際システムの構造と，米中両国の政治体制の違いに深く根づいたものだ」。まず第1の点について，以下の通り，議論を続ける。「歴史を振り返れば，支配的な国家と台頭する国家の関係は不安定で，時には暴力的ですらあった。支配的な国家は自らが作り上げた既存の国際秩序を守り，引き続き恩恵を得られるようにするが，台頭する国家は現状を窮屈で不公平であると感じ，既存の国際秩序への挑戦者となってでも，彼らが正当に与えられるべきと考えるものを追求する。歴史に繰り返されてきたこのパターンは，現在の米中両国の行動にもはっきり現れている」[17)]。

第2の点については，以下の通り，議論を進める。「また，イデオロギーの違いが，さらなる不信と不安定さをもたらしている。米中両国は，公然とはそれを認めないように互いに気を使ってはいるものの，相手の根本的な利益を脅かすような戦略目標を持ち合わせている。アメリカは，平和的で漸進的な手段を通じてではあるが，中国を権威主義体制から自由民主主義へ『体制転換（regime change）』させることを目論んでいる。現在の中国指導部が一党独裁体制の維持を望んでいるのは明らかだ。彼らは，共産党政権による継続した統治に対する最も大きな外的脅威としてアメリカをとらえており，西太平洋におけるアメリカの軍事的なプレゼンスと外交上の影響力を抑えることで，最終的

に中国が東アジアにおける優越的な国家としてアメリカに取って代わる必要があると感じている」[18]。

これらの指摘に続けて，「最も重要なことに，少なくとも現時点において，米中両国はそれぞれ，時間は自らの見方であると信じているようだ。アメリカの政策決定者は，長期的には経済成長が中国に政治的な自由と永続的な平和をもたらすと確信している。また中国の指導部は，短期的な見通しには明らかに神経質になっているが，長期的に歴史の流れは自国に有利な形で展開すると信じているように見える」と指摘される。ただし，アメリカにとって，歴史の流れは不利に働いているのではないか，とフリードバーグは示唆する。たとえば，「2008-09年のグローバル金融危機から長引いている後遺症によって，今後10年，あるいはそれ以上の期間にわたり，緊縮財政で資金は不十分なものとなる。まさに米中対立が本格化しようとしているこの時期に，アメリカ政府はいつになく厳しい財政規律と向き合わなければならないのだ」[19]。

また，「現在のトレンドが継続すれば，アメリカは中国との地政学的競争に負けてしまうだろう。敗北は一気に到来するのではなく，静かに訪れる可能性が高い。･･･ もし中国による軍拡が進み，アメリカが財政的制約，国内政治からの圧力，さらに誤った戦略的自制によって現状を超える積極的な態度をとらなければ，西太平洋における軍事バランスは急激に中国側に傾き始める。･･･アメリカのこの地域へのかかわりに疑念が生じれば，中国が持つ経済的な魅力と外交的圧力とが合わさって，アメリカの長年の友人たちはアメリカとの提携のあり方も含めて国家安全保障政策の再検討を強いられることになる」という[20]。

さらに，議論はこう続く。「20世紀はじめから，共和党，民主党政権に共通するアメリカ外交の金科玉条は，ユーラシア大陸の両端が潜在的敵対国によって支配されることを防ぐことにあった。･･･ もし西ヨーロッパか東アジアが非友好的な国家の支配に陥ったとすれば，アメリカは市場，技術，死活的資源へのアクセスを拒否されてしまうかもしれない。･･･ さらに，アメリカの政治家は長らく，万が一ヨーロッパやアジアが非民主主義国家の『手に落ちて』しまった場合，自由な世界を築くというアメリカのビジョンにも悪影響をもたらすと懸念してきた。･･･ もし不注意や間違い，あるいは意図的な決断で現在の中国にアジア支配を許してしまえば，アメリカの繁栄と安全保障，そして世界に自由を拡大しようとする希望は，著しく後退してしまう」[21]。

ここで議論を国際システムの構造の変化に戻そう。国際秩序において力の分布が急速にシフトする時につきものの不信や誤算は，米中両国の競争を激化させ，紛争のリスクを高めることになる。世界史では，急成長する国家とそれまで世界を支配してきた国家との間では，暴力の行使にいたるような関係が繰り返されてきた。再び，フリードバーグの議論の力を借りる。「大国としての自覚を深めると，国境や国際組織，さらに自らが劣位に置かれている国際的な威信の構造に対して挑戦したくなるものだ。･･･ 台頭する国家は『表舞台に自らの居場所』を欲しがる。そのために既存の国際システムの設計者であり，受益者，そして擁護者である大国との間で衝突が引き起こされる。･･･ しかし，結果として生ずる紛争はめったに平和的に解決されない。自らの地域が日増しに脅かされることを知った支配国（または現状維持を志向する国家連合）は，台頭する国家が脅威となる前に攻撃し，破壊しようとする。･･･ 新しく台頭する国家が従来の支配国を追い抜こうとする権力移行期には多くの場合，戦争が引き起こされる」[22]。

たとえば，国際政治学者のサミュエル・ハンチントンは，「イギリス，フランス，ドイツ，日本，ソ連，アメリカの対外的な拡大過程は，その急速な工業化と経済発展の段階に重なっている」と指摘し，1990年代はじめの時点で，中国が「疑いなくこれからの数十年にそのような段階を経験するだろう」と分析していた[23]。同じく，国際政治学者のジョン・ミヤシャイマーも，『大国政治の悲劇（*The Tragedy of Great Power Politics*）』で，成長し続ける限り，中国は隣国，周辺地域，そして可能であれば世界を支配しようとするだろう，と予測する。「豊かになった中国は，現状維持国家にはならず，むしろ地域覇権の達成を決意した攻撃的な国家となるであろう」という[24]。

『ファイナンシャル・タイムズ』紙記者のジェフ・ダイアーは，『米中 世紀の対立（*The Contest of the Century*）』で，「冷戦終結以降のアメリカ一極化の時代がむしろ異常で，その状態が今急速に終わりつつあるということだ」と指摘する。また，こう指摘する。「大戦前の他の大国と同様，中国は自らの経済的ライフラインの安全保障を他の国に任せたくないという理由から，公海にまで打って出られる海軍を構築中だ。ダボスで喧伝された『問題解決に当たる』中国は，今やはるかに強面の国に取って代わられようとしている。手短に言うなら，地政学が復活したのだ。…中国は単に，強大な力をつけ始めた過去の多くの国と同じように振る舞っているにすぎない。…北京がむしろ中期的に考えるのは，アメリカのパワーと影響力の基盤を徐々に浸食しつつ，アジアの外へと進出していくことだ。…北京は，わが道を進むための体制作りの過程に取りかかっている。破壊するのではなく，作り出そうとしているのだ。…中国が今行っていることに意外なところは何もない。もしあるとしたら，もっと早く始まらなかったということだ。…パワーと影響力を求める本当の闘いとは，地政学的な優位―世界が現実にどのように動くかを規定するルール，制度，力学をめぐる競争なのだ」という[25)]。

大国間戦争は時代遅れになったかもしれない。まず軍事的には，核兵器が存在する。経済的には，相互依存が深化し，冷戦後はグローバリゼーションが大きく進展した。政治的には，民主主義国家が増大した。さらに，現代の国際秩序は，国際機関や国際制度，国際レジームが重層的に張り巡らされている。こうして，少なくとも大国間では，大きな戦争が突然に勃発する蓋然性は著しく低下した[26)]。アメリカとヨーロッパ，日本の間で，戦争が起こることはほとんど考えられなくなった。中国の台頭が問題となるのは，イデオロギーと政治体制がアメリカやヨーロッパ，日本と異なるからである。大国間戦争は時代遅れになったかもしれないが，大国間対立はそうではない[27)]。また，権威主義体制の国家が，民主化へと向かう過程で，戦争が起こる蓋然性が高まり，その地域の国際秩序が不安定になる傾向があるということも付け加えておこう[28)]。

第3節　米中対立の現場
―中国の海洋進出，非対称性の攻撃，国際経済秩序の形成

冒頭で述べた通り，特に2010年以降，中国の海洋進出は活発になってきた。ベトナムとの間では，比較的に早い段階から，南シナ海の西沙諸島をめぐって小競り合いが続いてきた。その後，フィリピンとの間でも，南シナ海の

南沙諸島をめぐって対立を深めてきた。南シナ海では，中国は，「九段線」を主張し，東南アジアの海域は歴史的に中国の領有権であった，というかなり強引な主張を展開するようになった。岩礁を埋め立て，その人工島に滑走路を建設したり，レーダーを配備したりしており，軍事目的に使用することを隠していない[29)]。

同時に，東シナ海では，日本に対する圧力を高めてきた。中国の艦船が尖閣諸島周辺に出没したり，飛行機が上空を飛行したりしている。小笠原諸島に，大量の漁船が出没し，珊瑚礁をごっそりと持っていったこともある。また，東シナ海海域では，潜水艦も頻繁に横行しており，その目的は，海域の調査目的であると思われる[30)]。中国は2013年11月には，尖閣諸島の上空を含めて，「防空識別圏（ADIZ)」を設定した。ちょうどその直前に，シリアのアサド政権が国内で反体制派勢力に対して化学兵器を使用したことが明らかとなり，アメリカのバラク・オバマ大統領が「レッドラインを超えた」として一時，軍事介入を示唆しながら，結局のところ，介入しなかった。中国としては，こうしたオバマ政権の求心力低下のタイミングを見計らっての行動であった[31)]。

中国の海洋進出で，問題となっているのは，中国が南シナ海や東シナ海をめぐる問題を，「核心的利益」と位置づけるようになったことである。「核心中の核心的利益」である台湾問題とはレベルが異なるが，これでは妥協の余地がなくなってしまう。

なぜ中国は，海洋進出に積極的になったのか―。冷戦後にソ連など陸の周辺諸国との国境線をめぐる画定作業が終わり，陸軍を縮小することが可能になったことに加えて，ここ30年以上，国内総生産（GDP）で10%に迫る経済成長率にともない，海軍に資源を投入できる余裕が生じたことが挙げられる。地政学的にランド・パワーである中国が，シー・パワーとして海洋進出に乗り出すことになったのである。ただし，地政学的に，中国は日本列島，沖縄，尖閣諸島，台湾，フィリピンへとつながる第一列島線において，海への出入り口を封鎖されている状態にある。

富山県作成の「逆さ地図」を見れば，それは一目瞭然である。特に沖縄や台湾は，天然の「不沈空母」のような戦略的な位置に存在する。さらに中国は，大きな困難をともなうが，小笠原諸島からグアムへといたる第二列島線まで，

図 10-1　富山県作成の「逆さ地図」

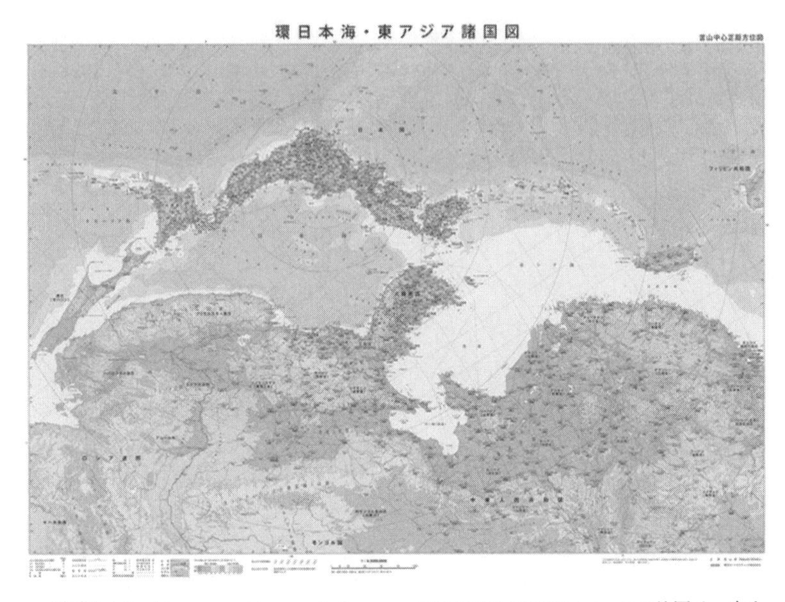

（出典）http://www.pref.toyama.jp/cms_sec/1510/kj00000275.html　この地図は，富山県が作成した地図（の一部）を転載したものである。（平 24 情使第 238 号）

海洋進出を目論んでいる[32]。これまで，習近平国家主席を含む中国の政治家やタカ派の軍部は，「太平洋には，米中両国が共存できるスペースがある」という趣旨の発言を繰り返し，アメリカに伝えている。中国の究極の目標は，西アジア太平洋地域から，アメリカのプレゼンスを縮小させ，中国が地域覇権国となることを目論んでいるのであろう[33]。

さらに，台頭する中国は，中東地域からマラッカ海峡を通じる，シーレーン（海上交通路）の防衛に少なからず関心を抱いている。これは，もしアメリカにマラッカ海峡を封鎖された時に，中国経済が“窒息”してしまうからである。いわゆる「マラッカ・ジレンマ」である[34]。

こうした中国の海洋進出に対するアメリカの政策対応であるが，たとえば，2010 年 7 月の東南アジア諸国連合（ASEAN）地域フォーラム（ARF）閣僚会議終了後の会見で，ヒラリー・クリントン国務長官が中国を効果的に牽制した。この発言は，これまで南シナ海の騒動には不介入だった米国の姿勢転換を意味した。第1に，南シナ海における国際法規の遵守は米国の国益である，第2に，領土紛争の解決のため，すべての関係国による協調的な外交プロセスを米国は支持する，第3に，南シナ海における領土主権をめぐる紛争に対し，いずれの側にも与しない，第4に，「南シナ海行動宣言」を支持する，という発言であった。また，「航行の自由，アジアの海洋コモンズに対する自由なアクセス」は米国の国益そのものであり，これを阻害するアクターが出現すれば，米国は南シナ海に関与すると強調した[35)]。また，2011年11月には，東アジア・サミット（EAS）で，オバマ大統領が，多国間枠組みの下で領有権問題を議論することを提案し，中国の海洋進出を厳しく牽制している。中国側は，もちろん，こうしたアメリカの介入に強く抵抗した。たとえば，「アジアの問題はアジアで解決すべきである」，また「領有権問題は，当事国の二国間で議論すべきである」というわけである[36)]。尖閣諸島に対しても，オバマ大統領は2014年4月の訪日時に，日米安全保障条約の第5条の適応範囲であることを表明し，中国の動きを牽制した。しかし，注目すべきは，南シナ海でも，東シナ海でも，アメリカのオバマ政権は，領土問題には原則的に中立の立場を貫くことを明らかにしていることである。万が一，中国といざ紛争になった時に，アメリカが駆けつけてくれるのかは，よくわからない。あいまいである[37)]。

中国も，アメリカとの戦争を望んでいるわけではない。ただし，まともに太刀打ちできないアメリカに対して，非対称性の攻撃によって，より少ないコストで，アメリカの軍事行動を妨害するための軍拡を推し進めてきた。アメリカが警戒する「接近阻止・領域拒否（A2AD）」戦略である。特に命中精度の高い対艦弾道ミサイル（ASBM）のDF-21D（東風21D）を開発し，アメリカの空母群が中国の近海，第一列島線の内部に容易に接近できないように力を注いできた。こうした中国の動きに対して，アメリカのオバマ政権は，「エア・シー・バトル（ASB）」戦略を描いてきた[38)]。すでにこの戦略は進行中だが，予算が大幅にかかると見積もられている。2007-2009年のグローバル金融危機で，アメリカの財政は逼迫している。“緊縮（austerity）”の時代である。財政縮小のターゲットは，国防予算もその例外ではない。つまり，きわめて厳しい財政規律の下，アメリカは中国の台頭に対応しなければならないのである[39]。そのため，よりコストがかからない「オフショア・バランシング」（や「オフショア・コントロール」）という安全保障政策がクリストファー・レインなどによって提言されている[40]。

中国がアメリカの軍事活動を妨害するために，非対称性の攻撃を仕掛ける上でのもう1つの有効な手段は，アメリカの国防総省や軍部に対して，熾烈なサイバー攻撃を仕掛けることである。アメリカも，この分野では相当の軍事努力を積んでいる。これらの詳細は必ずしも明かにはなっていないが，米中間の首脳会談では（2013年6月，2014年11月，2015年9月，2016年3月），オバマ大統領が習近平国家主席に繰り返し，この分野で，警告を発してきた。米中対立を厭わず，である。アメリカの危機意識を垣間見ることができる[41]。また，中国の軍部が衛星攻撃実験を決行したことがある[42]。さらに，ロバート・ゲーツ国防長官の訪中時にステルス戦闘機の飛行実験を実施したこともある。いずれも，政治指導者がこうした動きを感知していなかったような印象をアメリカに与えた。そのため，政治指導部は，人民解放軍の軍部をきちんと掌握できているのか，アメリカや日本に疑念が生じた[43]。ただし，中国の海洋進出は，高圧的かつ好戦的だが，意外と慎重かつ用意周到で，政治指導部の意向が大きく反映されているように見える。

最後に，国際経済秩序の形成である。アメリカのオバマ政権は，2015年10月に，環太平洋経済連携協定（TPP）の基本合意を実現した。その目的は，大きく2つある。第1に，メガFTA（自由貿易協定）の経済的なメリットを享受することと，第2に，外交的に中国への牽制の狙いが込められている。通商・貿易面では，中国はこれに対して，地域包括的経済連携（RCEP）を推し進めているが，なかなか合意にいたらない。しかし，中国は2015年6月，金融面で，アジア・インフラ投資銀行（AIIB）の創設に成功した。アメリカの同盟国，イギリスやドイツ，フランス，イタリアを含むヨーロッパ諸国も参加した。アメリカと日本は，AIIBの「ガヴァナンスが不透明である」として参加を見送った。中国がAIIBを立ち上げ，ヨーロッパ諸国が多く参加した背景には，国際通貨基金（IMF）改革がアメリカ議会の反発で一向に進まないことへの反発があった。こうして，中国は，「一帯一路」を掲げ，陸と海のシルクロード構想を推し進めることが可能となったのである[44]。また中国は，海洋

図10-2　インド太平洋の地図

（出典）http://wordleaf.c.yimg.jp/wordleaf/thepage/images/20140926-00000021-wordleaf/20140926-00000021-wordleaf-01e1da6a4f0adf659a3eb781ab74e3beb.jpg

進出では，中東地域からインド洋まで触手を伸ばし始めている。「真珠の首飾り」戦略を描いていると想定される。

ただし，この「真珠の首飾り」戦略は，アメリカが重視する「航行の自由」の原則とシーレーン防衛の政策とぶつかることになる。2016年5月の第15回アジア安全保障会議（シャングリラ・ダイアローグ）では，オバマ政権のアシュトン・カーター国防長官が，南シナ海での中国の海洋進出をめぐる文脈だが，中国に対して，「原則（principle）」という言葉を何度も用いて，「原則に立脚した安全保障ネットワーク（Principled Security Network）」を構築することを提唱し，また将来，中国もそれに参加することを強く要請した[45]。

おわりに―米中間で「新型の大国関係」は可能か？

アメリカ主導のTPPと中国主導のAIIBの対立の背景には，「アジア太平洋地域の国際経済秩序を誰が形成するのか」というせめぎ合いがある。ただし，2016年11月のアメリカ大統領選挙で，民主党のクリントン大統領候補と共和党のドナルド・トランプ大統領候補が，TPP に反対の政策姿勢を崩していない。アメリカ議会での TPP 批准をめぐって不透明感がにわかに漂っている。本章を執筆しているのは，2016 年 8 月である。オバマ政権としては，大統領選挙直後にアメリカ議会にロビング活動を活発化させ，ポスト・オバマ政権が発足するまでの間に，TPP の議会批准を獲得したいところであろう。本書が出版される（2017 年 2 月）までには，アメリカに新政権が成立し，結果が明らかになっているはずである（2016 年 11 月の大統領選挙で，共和党のトランプが民主党のクリントンに勝利した。オバマ政権はその直後，TPP の議会批准を見送ることを決定した。トランプは，就任初日に TPP からの離脱意思を通知することを表明している）。

2009 年 7 月の中国共産党における在外使節会議の場で，第二世代の鄧小平以降，長らく主張されてきた「韜光養晦，絶不当頭，有所作為（能力を隠して外に表さない。決して先頭に立たず，できることをする）」という考え方を中国は乗り越えるべきである，という発言が党指導部からあり，中国はそれまでの基本路線を変更することを決めたという。2009 年 9 月の四中全会（中国共産党中央委員会第 4 回全体会議）で，この路線変更が確認されたと伝えられている[46]。また習近平国家主席は，「海洋強国」を標榜しつつ，「中華民族の偉大なる復興」の実現という「中国の夢」を描いている[47]。さらに習近平国家主席は，2014 年 5 月に上海で開催され，自らが議長を務めた第 4 回アジア信頼醸成措置会議（CICA）の首脳会議で，中国の「新アジア主義」とも言える戦略を全世界へ向けて鮮明に表明した。ここで習近平は，「アジアの問題は，アジアの人々によって処理されなければならない。アジアの安全は結局，アジアの人々によって守られなければならない」と指摘している。南シナ海をめぐる領有権争いとアメリカの政策を念頭に置いた発言であると思われる[48]。

はたして，アメリカと中国との間で，「新型の大国関係」は可能か―。冒頭でのこの問いに対しては，本章で論じてきた議論を踏まえるときわめて困難だと思われる。もちろん，米中両国の行動を慎重にさせるような要因もないわけではない。しかし，国際システムの構造である力の分布の変化と，イデオロギーの相違を踏まえると，米中両国は，21 世紀にますます対立と衝突，競争を繰り返していくと予見できる[49]。アメリカも日本も，台頭する中国に対して，緊密に政策協調しつつ，「牽制と抱擁」ないし「統合と牽制」の両面政策で，絶えず絶妙なバランスを保っていく以外に道はないと思われる。ただし，牽制の要素は，これから明らかに増えていくに違いない。最悪の事態としては，米中の衝突が不可避となる。

【注】

1）アーロン・フリードバーグ著，佐橋亮監訳（2013），『支配への競争―米中対立の構図とアジアの将来』日本評論社，i頁。
2）Dyer, Geoff (2014), *The Contest of the Century: The New Era of Competition with China-and How America Can Win*, Penguin Books, p. 12.
3）Kaplan, Robert D. (2014), *Asia's Cauldron*, Brandt & Hochman Literary Agents, Inc. を参照。
4）島村直幸（2016），「21世紀の日米同盟と中国の台頭―対立と協調」馬田啓一・大川昌利編著『現代日本経済の論点』文眞堂，207頁。
5）フリードバーグ（2013），前掲書，ii頁。
6）2009年7月にワシントンで開催された第1回戦略・経済対話（SED）で，胡錦濤政権下の戴秉国国務主席がはじめて，「相互尊重，和諧相処，合作共贏（相互に尊重し，調和的に共存し，協力的でウィン・ウィン）」と，「新型の大国関係」の模索を問題提起した。添谷芳秀（2016），『安全保障を問いなおす―「九条－安保体制」を超えて』NHKブックス，228-230頁。
7）島村（2016），前掲論文，212頁。
8）島村直幸（2000），「冷戦後の大統領と議会―共和党多数議会の成立とクリントン政権の外交」吉原欽一編著『現代アメリカの政治権力構造―岐路に立つ共和党とアメリカ政治のダイナミズム』日本評論社，199頁。
9）フリードバーグ，前掲書，iii頁。
10）Mann, James (2007), *The China Fantasy: Why Capitalism Will Not Bring Democracy to China*, Penguin Books, p. 10.
11）Friedberg, Aaron L. (2011), *A Contest for Supremacy: China, America, and the Struggle for Mastery in Asia*, W. W. Norton & Company, esp. ch. 2.
12）Farguson, Niall (2006), *The War of the World: Twentieth-Century Conflict and the Descent of the West*, Penguin Press, pp. lxviii-lxix；Friedberg (2011), *op.cit.*, p. 22に引用された。
13）Pillsbury, Michael (2015), *The Hundred-Year Marathon: China's Secret Strategy to Replace America as the Global Superpower*, St. Martin's Griffin, pp. 12-13.
14）Kissinger, Henry (2012), *On China*, 2nd edition, Penguin Books, p. 546；Shambaugh, David (2013), *China Goes Global: The Partial Power*, Oxford University Press, Ch. 1の冒頭で引用された。
15）Kissinger, Henry (2014), *World Order*, Penguin Press, pp. 220, 225.
16）Friedberg (2011), *op.cit.*, pp. 32-33.
17）*Ibid.*, p. 1.
18）*Ibid.*, pp. 1-2.
19）*Ibid.*, p. 2.
20）*Ibid.*, p. 6.
21）*Ibid.*, pp. 6-7
22）*Ibid.*, pp. 40-41.
23）Huntington, Sumuel P. (1991), "America's Changing Strategic Interests," *Survival*, vol. 33, no.

1 (January/ February 1991), p. 12.

24) Mearsheimer, John (2001), *The Tragedy of Great Power Politics*, W. W. Norton & Company, p. 402.

25) Dyer (2014), *op.cit.*, pp. 10-12.

26) 大芝亮（2016），『国際政治理論―パズル・概念・解釈』ミネルヴァ書房，162-165 頁。

27) Friedberg (2011), *op. cit.*, p. 39.

28) *Ibid.*, p. 51.

29) 森本敏編著，金田秀昭・杜進・山田吉彦・飯田将史（2016），『"海洋国家" 中国にニッポンはどう立ち向かうか』日本実業出版社，第 6 章。

30) 森本（2016），同上，第 5 章。

31) 島村直幸（2016），前掲論文，208 頁。

32) 武貞秀士（2015），『東アジア動乱―地政学が明かす日本の役割』角川 one テーマ 21，23 頁。

33) Dyer (2014), *op.cit.*, pp. 47-48；島村，前掲論文，204 頁。

34) Dyer (2014), *op.cit.*, pp. 74-76.

35) 福田保「南シナ海における日本の役割と課題」(https://www2.jiia.or.jp/RESR/column_page.php?id=21)。

36) White House Fact Sheet, 19 November 2010. (http://iipdigital.usembassy.gov/st/english/texttrans/2011/11/20111119151041su0.2769434.html?CP.rss=true#axzz1eI9aZnVc)

37) 森本（2016），前掲書，第 1 章と第 3 章。

38) 島村（2016），前掲論文，203-204，208 頁；Friedberg, Aaron L. (2014), *Beyond Air-Sea Battle: The Debate over US Military Strategy in Asia*, IISS も参照。

39) Friedberg (2011), *op.cit.*, p. 3；島村（2016），前掲論文，208-209 頁。アメリカ外交の「拡大 (maximalist)」と「縮小 (retrenchment)」のサイクルについては，Sestanovich, Stephen (2014), *Maximalist: America in the World from Truman to Obama*, Vintage Books を参照。

40) 島村，前掲論文，208 頁；Layne, Christopher (2006), *The Peace of Illusions: American Grand Strategy from 1940 to the Present*, Cornell University Press を参照。

41) Dyer (2014), *op.cit.*, pp. 48-49；Shambaugh (2013), *op.cit.*, pp. 296-298.

42) Dyer, *ibid.*, p. 38；Shambaugh, *ibid.*, pp. 295-296.

43) Dyer, *ibid.*, pp. 34-35；Shambaugh, *ibid.*, pp. 294-295.

44) 島村，前掲論文，204-206 頁。

45)『朝日新聞』2016 年 6 月 8 日。

46) Shambaugh (2013), *op.cit.*, p. 19；森本（2016），前掲書，19 頁。

47) 森本，前掲書，98 頁。

48) 武貞秀士（2015），前掲書，42-49 頁。

49) 本稿のニュアンスとは違い，中国の台頭への過剰反応を戒める中国研究者として，たとえば，ディビッド・シャンボーがいる。シャンボーは，中国の国際アイデンティティーを，「排外主義」「現実主義」「主要国主義」「アジア第一」「グローバル・サウス」「選択的多国間主義」「グローバリズム」の7つの要素から説明する。これらのアイデンティティーのうち，重心は現実主義に根差すという。Shambaugh (2013), *op.cit.*, ch. 2 を参照。

（島村直幸）

第11章
米国外交と国内政治における TPP

はじめに

東アジアにおける広域 FTA が検討されるなかで，超大国である米国は東アジアの地域制度構築に関与していなかった。米国にとって東アジア地域との唯一の接点である APEC（アジア太平洋経済協力会議）で 1999 年に EVSL（早期自主的分野別自由化）協議が頓挫して以降，地域的枠組みの中での貿易自由化の希求は低下していった（三浦 2011）。元通産審議官の畠山襄は，米国は地理的に東アジアに属していないため東アジア FTA への米国の参加は難しくなるとの見方を示していた（畠山 2007，3 頁）。しかし，日本と中国により広域 FTA をめぐる検討が推進されるようになると，米国はこの動きから排除されていることに懸念を示し始めた。実際，2006 年 8 月，クアラルンプールで開催された ASEAN+3 経済閣僚会合の際，日本の二階経済産業大臣が CEPEA を提案したことを受け，米国が東アジア地域から外されていたことを「二階ショック」と称し，米国の外交政策に与えた影響は大きかったことが窺える。この問題を重視したワイルダー NSC アジア上級部長が先頭となって対策を練り，マハリック APEC 担当大使のアジア諸国訪問が活発化した（『日本経済新聞』2006 年 11 月 12 日）。結果的に，2006 年 11 月にベトナムで開催した APEC 首脳会談で，米国は，差別的で法的拘束力を持つ APEC 加盟国 21 カ国による市場統合を目指す FTAAP を提案した。寺田はこうした状況を，APEC において長らく標榜されてきた域内自由化を域外にも適応用する「開かれた地域主義」が実質上，「閉じられた地域主義」とも称せられる地域統合規範にとって代わられたと論じている（寺田 2011）。FTAAP が提案されてからも，いかにその道筋をつけるかという方向性は示されていなかったが，こうしたなかで，2010年以降，新たな地域統合の動きが新たなFTA形成のダイナミックな動きを引き起こしている（石川 2012，82頁）。2008年に米国がFTAAPに至る道筋としてTPPを利用することを決定し，2010年3月，米国が加わったアジア太平洋の初めての広域FTA交渉であるTPP交渉が開始された。TPP交渉開始後も各国の利害調整および米国国内政治は困難を極めたが，2015年10月15日，ついにTPP交渉は大筋合意を迎え，2016年2月4日，ニュージーランド・オークランドでTPP協定が署名された。本章では，米国外交におけるTPPを概観し，その後，TPPをめぐる米国の国内政治を考察する。

第1節　米国外交におけるTPP

米国は，2000年代初頭，東アジアで起こっていた地域経済統合の流れに対して比較的無関心であった。その理由として，東アジア地域主義が結果重視ではなく過程重視であること，特に拘束力のない緩やかな統治方法であるASEANウェイで主導された組織運営に対する米国の期待が薄かったことにある（モリソン 2009）。また，アジアにおける中国の影響力が拡大する一方で，米国は，イラクやアフガニスタンなどにおける対テロ戦争に忙殺されていたことも一因である（Chin and Stubbs 2011）。そうした中で，東アジア地域では，米国をメンバーとしないEAFTAとCEPEAの議論が着実に進んでいた。米国の関与できない地域経済統合が東アジアで確立し，国家主導的経済システムを推進する中国がアジアにおける覇権を握ることで，米国が締め出されることに懸念が高まった（馬田 2012）。ここにきて，米国政府内で，パワー・トランジッションを念頭におき，国際制度・地域制度の行方を検討するようになる（大矢根 2012a）。

2006年11月，ブッシュ政権は，ベトナムで開催されたAPEC首脳会議でFTAAPを追求する方針を表明した。そこには，東アジアにおける影響力の低下のみならずWTOドーハ・ラウンドが遅々として進展せず，政権末期で中南米諸国とのFTAの審議が進まないことに憂慮した，USTR（米国通商代表部）の意向が反映されていた（Inside U.S. Trade, 26 September 2006）。FTAAPに向けた動きはすぐに動く気配はなかったが，2008年，ブッシュ政権は，FTAAPに至る道筋として，2005年にシンガポールなどAPEC加盟4カ国（P4）が調印した既存のFTA（TPPの前身）に参加する意向を議会に示した[1)]。P4FTAへの参加決断は，アジアで芽生え始めた貿易の枠組みからはじき出されるのを避けたいという強い意志の表れであった（ソリース 2013, 30頁）。ただしブッシュ政権の任期終了が間近であったため，具体的な交渉は民主党から選出されたオバマ政権に委ねられることになった。2008年9月，バラク・オバマ大統領は，議会で既存の加盟国と交渉を進める意思を示した[2)]。既に4カ国間で形成された市場は小さく，米国が，それら市場への関心が高いわけでなく，広域FTA，すなわちFTAAPへの布石と考えられた。なにより，TPPは，オバマ政権が追求しているアジア太平洋地域における外交上の関与という，より大きな戦略の一環といえる（ソリース 2013, 31頁）。

米国がTPPに関心を示した後，2008年11月，ペルーにおけるAPEC閣僚会議後に，豪州，ペルー，ベトナムも参加を表明した。そして2009年11月，オバマ大統領は，日本における演説で，広範な加盟国と高水準の地域協定の形成を目標として，TPP交渉に参加すると表明した（White House 2009）。TPPは，2010年3月に，P4に，米国，豪州，ペルー，ベトナムを加えた8カ国で第1回交渉を開始した。2010年10月に，ブルネイで開催された第3回交渉では，マレーシアが交渉に参加した。この結果，2010年までには，APECの目標とするFTAAPの形成に至る道として，中国の提唱するASEAN+3，日本の提案したASEAN+6と並んでTPPが浮上した。2011年11月，ハワイで開催されたAPEC首脳会議では，日本，カナダ，メキシコがTPP交渉参加協議の意思表明を行った。2012年10月にメキシコとカナダが交渉に参加し，2013年7月に日本が第18回交渉会合に参加し12カ国で交渉が進められた。

TPPは，他に規定がある場合を除いて，発効と同時に他の締約国の原産品に対する全ての関税を撤廃することを原則としている。さらに，TPPは，極めて包括的な協定であり，物品の貿易，サービス貿易，電子商取引，競争，税関手続き，投資，貿易の技術的障害と衛生植物検疫，政府調達，知的財産権など，世界貿易機関（WTO）の枠組みを超えた規定がなされている。米国は，高水準の貿易自由化かつ広範な分野で進められているTPPを「21世紀型」と表現し，TPPを通じて，アジア太平洋地域における新たな貿易ルールづくりを展開しようとしている。中国のような国家主導的な経済運営が各国の支持を集めることを憂慮した米国は，TPPによる中国包囲網を形成し，最終的に投資や知的財産権，政府調達などで問題の多い中国にルール順守を迫る狙いがある（馬田 2012）。

米国は，2005年9月にロバート・ゼーリック国務副長官が「責任あるステークホルダー」という概念を示し，米国と中国が対等のパートナーとして国際的責任を果たすべきだとする，いわゆるG2論に基づく対中政策がオバマ政権発足当初に専門家によって論じられた（Bergsten 2009）。しかし2010年頃になると，中国がしばしば強硬な方針を示すようになり，米国もより強い態度で牽制する場面が増え対中政策を転換した。結果的に，オバマ政権は，2011年11月頃から，アジアへの「ピボット（旋回）」ないし「アジア太平洋地域に重心を置いてバランスをとる」といった言及をし始め，アジア太平洋地域への米国の関与を拡大と，強化しようとする姿勢を鮮明に打ち出した。オバマ大統領が，オーストラリア議会で行った「オバマ・ドクトリン」と呼ばれる演説では，米国のアジア再関与政策の基本にある考え方を，「米国は太平洋国家である。米国はアジア太平洋の平和と安定のために，日本，韓国における軍事的プレゼンスをはじめとして地域協力機構にも関与する」，また，「自由，公平で開かれた国際経済システムの維持・発展を目指す。TPPはそのモデルとなる」と論じた（White House 2011）。白石は，この演説の要諦は，「安全保障においても，通商においても自由で，公平で，透明度の高い，開かれたルール作り，制度作りを提唱するもので，その意味で，米国におけるリベラル・リアリズムの伝統を継承したものと考えた方がよい」と論じている（白石・カロライン 2012，30頁）。2012年には，「米国のグローバル主導権の維持」という方針を発表し，米国が，経済的衰退や財政赤字を踏まえつつも，アジア太平洋で米国以外の国が地域的覇権を確立する事態を防ぐことを目標に掲げた（大矢根 2012b）。結果的に，中国の経済的台頭に伴いパワー・トランジッションが生じるなかで，米国は，TPPにおける貿易ルールづくりを主導することで域内における通商秩序構築に関与するとともに，戦略的ポジションを確保することで，中国の政治的行動を抑止することを標榜していると考えられる。そうした背景のなかで，TPP交渉が2015年10月15日に大筋合意を迎え，2016年2月にTPP協定が署名された。

第2節　米国のTPPをめぐる国内政治

米国におけるTPPをめぐる国内政治を考察するにあたり，従来「ファスト・トラック（fast track）」と呼ばれたTPA（Trade Promotion Authority；貿易促進権限）の存在が重要になる（Fregusson 2015）。TPP交渉を妥結する前提としてTPA法案を可決することがオバマ政権において最重要課題となった。2015年6月24日に米国議会上院がTPA法案を可決したが，議会通過に長い期間を要している。本節では，なぜTPA法案を可決するのにこのように時間を要したのか考察していく。

米国では，明確に行政府と立法府が分かれており，外国との通商に関する取り決めを定めるのは議会だとされている。関税，輸入税などを賦課し，徴収する権限や諸外国との通商を規制する権限は議会に与えられている。全ての立法権は議会に付与されており，日本の内閣提出法案のように行政府が法案を提出することはない。そのため，大統領は，関税交渉を始めとした通商交渉を行う権限を憲法上有していない。議会では，上下両院それぞれで法案の審議が行われ，法案の審議過程では所管委員会および本会議ともに多くの修正が行われる。修正の結果，最終的に上下両院で法案が異なった場合，両院協議会により再修正が行われる。本会議で法案の審議を行うかどうかは，それぞれ上下両院の多数党側指導者（上院では院内総務，下院では議長）の意向に大きくゆだねられている。両党の政治的駆け引きによっては，本会議で審議すらできない可能性がある。

TPAが大統領に付与された場合，大統領は他国との通商交渉によって合意したFTAなどの通商協定案について，通常の法案審議とは異なる手続きを受ける。第1に，通商協定案は通常の法案審議とは異なる迅速な手続きを受けることになる。大統領が通商協定案を議会に提出すると，議会は一定期間内（過去のTPAでは全体で90日）に審議を終えて採決することが必要になる。第2に，通商協定案への議会の関与を確保するための諸規定が設けられている。まず，通商交渉の諸目的がTPAを付与する法律に明記されており，大統領がフリーハンドで交渉できないようになっている。次に，大統領は他国との交渉に入る90日前などに議会へ通報することが必要とされ，また，議会の関係委員会などとの協議を行うことが求められている。

2014年に行われた米国中間選挙の後，マコネル上院院内総務は，オバマ・マコネル会談を行い「通商協定が議会に送付されることを切望している」という考えを表明し，共和党主導の議会の成果とすることに意欲を示した（The New York Times, November 4, 2014）。上院は共和党が100議席中54議席を占めていたが，下院共和党では数十名の保守系共和党議員がTPP合意を2016年大統領選挙後と主張し反対していた。そのため，共和党だけでも可決することは難しく，貿易推進派民主党議員の協力を得る必要性があった。しかし，基本的にオバマ政権を支持する与党民主党の大半の議員はTPPとその前提となるTPA法案に反対を示していた。民主党は支持基盤が労働組合や地場産業が中心であり，クリントン政権時代に成立した北米自由貿易協定（NAFTA）によって米国経済や雇用が悪化したという意識が民主党議員を中心に認識され，貿易自由化を進めるTPPに対して反発していた。以上の理由から，議会におけるTPA法案の可決は困難が予測されていた。

従来，米国の政党は緩やかな組織であり，個々の議員に党議拘束が強くかからないため，たとえ分割政府（divided government）の政治状況であったとしても，交差投票（cross voting）の形で，重要法案の可決が可能である。党議拘束がなく，各議員が地元有権者や支持基盤などの声を踏まえた態度をとる傾向がある。オバマ大統領は，与党民主党に対してTPA法案への賛意を要請していたが，民主党議員の大半が反対を示しオバマのリーダーシップ低下が露呈した。

議会で通商課題を所管する委員会は，上院財政委員会，下院歳入委員会であった。両委員会では多数党からの委員長および少数党筆頭理事の4人の意向が大きな影響を及ぼす。TPA法案の審議では，ハッチ上院財政委員長（共和党），ライアン下院歳入委員長（共和党），ワイデン上院財政委員会筆頭理事

（民主党）などが中心となり議論が進められた。ワイデンは「労働者の権利及び環境に関する基準が貿易協定の核になる」と論じ，TPA法案に民主党側の優先事項が反映されたことを強調していた（The Washington Post, March 4, 2015）。

上院では共和党議員54人のうち保守派がTPA法案に反対を示す一方で，民主党はTPA法案の賛成派の議員は13人であり，動議採択には民主党の賛成派の取りこぼしは許されなかった。そこで5月の上院のTPA法案の審議では，共和党指導部が民主党のTPA賛成派の求めに応じて，民主党が成立を目指していたTAA（Trade adjustment assistance；貿易調整援助）法案をTPA法案と一括審議というプロセスが選ばれた。TAAとは外国からの輸入増加等により失業した労働者に就業支援を行うプログラムを指し，現在の

表11-1　TPA法案をめぐる米国議会

4月22日	上院財政委員会　可決（賛成20，反対6）
4月23日	下院歳入委員会　可決（賛成25，反対13）
5月12日	上院本会議，審議入り否決 （賛成52，反対45）上院における審議入りには60票必要
5月21日	上院本会議審議入り打ち切りの動議可決 （賛成62－共48，民14）（反対38－民独32，共5，無投票共1）
5月22日	上院本会議可決 （賛成62，反対37）民主党の賛成を得るためTAAとセット
6月11日	下院本会議採決決定（賛成217，反対212）
6月12日	下院本会議 TPA可決（賛成219－共191，民28）（反対211－共54，民157） TAA否決（賛成126－共86，民40）（反対302－共158，民144）
6月15日	下院TAA再採決期限を7月30日に延期
6月18日	下院TPAとTAAを切り離し，TPAを本会議で可決（賛成218，反対208）
6月23日	上院TPA単独の審議打ち切り動議可決 （賛成57－共44，民13）（反対37－共6，民31）
6月24日	上院本会議TPA可決（賛成60－共47，民13）（反対38－共産7，民31）
6月24日	上院本会議TAA可決（賛成76－共30，民44，無2）（反対22－共産22）
6月25日	下院本会議TAA可決（賛成286－共111，民175），反対138（共132，民6）
6月29日	オバマ大統領TPA/TAAを署名

（出所）各種報道から筆者作成。

TAA が 2015 年 9 月末で失効するため，民主党は更新を求めていた。この進め方は上院では奏功し，TPA 法案と TAA 法案のセットは審議打ち切り動議を賛成 62 票で採択，法案も同じ票数で可決された。

12 日の下院本会議では TPA 法案自体は僅差で可決されたが，同法案に束ねられた失業者への財政支援措置を柱とする TAA 法案が否決された。採決の直前には下院民主党のトップのペロシ院内総務が TAA 法案と TPA 法案の両方への反対を初めて明言したことにより，多数の民主党議員が TAA 法案に反対できる土壌ができた。共和党の大半の議員も反対したことから，同法案は大差で否決された。一括法案のため TPA 自体の取り扱いも暗礁に乗り上げ，新たな打開策を模索する必要性に迫られた。当初，共和党も下院でもう一度 TAA の再採決に臨み，最短の時間で TPA 法案と一緒にオバマ大統領のもとに送る道を探ったが，与党・民主党が態度を硬化させたまま TAA の過半数を確保するメドが立たない状況となり，共和党指導者のベイナー下院議長は，TPA と TAA を分離し，優先順位の高い TPA を独立した法案として両院で再可決する方針へ転換した。TPA は可決されているが，単独法案に書き換えるのに伴い、内容はほぼ同じであっても改めて採決する必要があった。結果的に，米議会下院は 18 日，TPA 法案を再採決し可決した。上院の民主党の TPA 賛成派の 13 人の中から反対に転じる議員が出ることに懸念が生じていたが，結果として上院の TPA 法案の 23 日の審議打ち切り動議の採決も 24 日の法案の採決も，民主党の 13 人はそろって賛成し 60 対 38 の賛成多数で可決した。24 日の TAA 法案の審議打ち切り動議も賛成 85 で採択されたことから，共和党指導部の TAA 法案への賛成の呼び掛けに多くの同党議員が応じ，25 日の上院で TAA 法案が可決した。下院の TAA 法案の審議と採決では，下院民主党のペロシ院内総務が TAA 法案に賛成すると発表したことで，下院において 25 日，TAA 法案を賛成多数で可決した。オバマ大統領が求めてきた両法案の上下両院通過が実現したことで，オバマ大統領の署名を経て TPP 妥結の前提となる重要法案が上下両院でひと通り可決された。

しかし，TPA を踏まえた TPP 交渉をする必要があった。共和党は農業（農産物に関する各国の関税削減・撤廃，非関税障壁の削減・撤廃）と知的財産権（バイオ医薬品のデータ保護期間，特許権，著作権をはじめとする知的財産権の保護強化など）を強調し，民主党は，労働・環境（労働や環境に関する拘束力のある基準・規制の導入，国際基準の順守），自動車（米国産自動車に関する外国の貿易障壁の撤廃，日本などからの輸入拡大による雇用喪失の懸念など）と人権の尊重を強調した。また，両党の関心分野として，通貨・為替（貿易を歪曲する不当な外国の為替操作に反対）や農業（カナダ・日本の乳製品市場のアクセス改善）などがある。

第3節　まとめ

2016年2月4日に，ニュージーランド・オークランドで開催された TPP 署名式において，TPP 協定が署名され，今後の最大の課題は議会における批准過程となり，オバマ政権では TPA と TAA を獲得し，米国議会で審議入りを模索していた。オバマ大統領は，11月8日に実施される米国大統領選挙後のレームダック会期における TPP 批准を検討していたと考えられていたが，多くのメディアや識者の予想を覆す形で，共和党のドナルド・トランプが大統領選挙を征し，一気に TPP の実現が不透明になった。

トランプは，選挙期間中に TPP 離脱を公約に掲げており，大統領選挙後の11月21日，TPP からの離脱を就任初日に実行する政策を公表している。TPP に反対を示す理由はさまざまであると考えられるが，ひとつの要因として，TPP によってアメリカの製造業者が雇用を奪われることを憂慮し，国民の多くが十分な利益が得られないと不満を抱いた結果であることが大きいと考えられる。

TPP は規定上，2年以内に6カ国以上，GDP85％の国々が批准しなければ発効できず，域内 GDP の6割以上を占める米国が批准しなければ発効ができないシステムとなっている。結果的に，TPP の発効ができない可能性があり，たとえ規定を変えて11カ国で発効させたとしても，大国である米国が抜ければ経済効果は大きく損なわれ，TPP の求心力は急速に弱まわり，アジア太平洋地域における貿易自由化の流れは変化が生じると考えらえる。

では米国は，TPP やアジア太平洋地域から完全に離脱するであろうか。前述のように，米国がTPPを希求した背景には，東アジア地域経済統合による成長とルールメイキングから取り残されないことが要因として考えられる。そのため，短期的にはTPPからの離脱は米国の国内の不満を和らげるかもしれないが，中長期的には成長するアジア地域から取り残されるという負の影響が生じる可能性がある。今後，TPPがいかなる進展を遂げるかは，トランプ次期大統領がどのように判断するかにかかっており，慎重に見定める必要がある。

【注】

1）2002年のメキシコのロス・カボスで開催したAPEC首脳会議において，シンガポール，ニュージーランド，チリの3カ国は，TPPの前身となる，太平洋3カ国経済緊密化パートナーシップ（3CEP）交渉を開始することで合意した。P3CEPの交渉は，2003年9月にシンガポールで開始した。2005年4月に，韓国済州島で行われた最終交渉においてブルネイも参加し，TPSEAとして合意した。

2）米国は，この時点で，既にシンガポールとチリとはFTAを結んでいた。

【参考文献】

Bergsten, Fred (2009), "Two's Company," *Foreign Affairs*, Vol. 88, No. 5 (September/October 2009).

Chin, Gregory and Stubbs, Richard (2011), "China, Regional Institutional Building and the China-ASEAN Free Trade Area," *Review of International Political Economy*, 18 (3), pp. 277-298.

Fregusson, Ian F. (2015), "Trade Promotion Authority (TPA) and the Role of Congress in Trade Policy," Congressional Research Service.

White House, Office of the Press Secretary (2009), "Remarks by President Barack Obama at Suntory Hall, Suntory Hall, Tokyo, Japan, November 14, 2009. "The United States will also be engaging with the Trans-Pacific Partnership countries with the goal of shaping a regional agreement that will have broad-based membership and the high standards worthy of a 21st century trade agreement."

White House (2011), "Remarks By President Obama to the Australian Parliament," November 17, 2011.

石川幸一（2012),「TPPと東アジアの地域統合のダイナミズム」『季刊 国際貿易と投資』Autumn 2012, No. 89。

馬田啓一（2012),「TPPと東アジア経済統合：米中の角逐と日本の役割」『季刊 国際貿易と投資』Spring 2012, No. 87。

大矢根聡（2012a),「東アジア・アジア太平洋地域制度とパワー・トランジション―台頭する中国をめぐる地域制度の重層的空間―」『外務省・平成23年度国際問題調査研究提言事業「日米中関係の中長期的展望」報告書』日本国際問題研究所，176頁。

大矢根聡（2012b)「米国オバマ政権とアジア太平洋戦略」『日米中新体制と環太平洋経済協力のゆくえ』アジア太平洋研究所。

白石隆・カロライン，ハウ（2012),『中国は東アジアをどう変えるか―21世紀の新地域システム』中公新書。

ソリース，ミレヤ（2013），「エンドゲーム—TPP交渉妥結に向けた米国の課題」『国際問題』No. 622（2013年6月）。
寺田貴（2011），「日米のAPEC戦略とTPP：閉じられた地域主義の幕開け」『海外事情』。
寺田貴（2013），『東アジアとアジア太平洋』東京大学出版会。
西山隆行（2013），「米国オバマ政権とアジア太平洋戦略」『日米中新体制と環太平洋経済協力のゆくえ』アジア太平洋研究所。
畠山襄（2007），「アジアFTAの新時代と日本の課題」『ワセダアジアレビュー』第2号，早稲田大学アジア研究機構。
三浦秀之（2011），「APECのEVSL協議過程と日本の対応—日本に戦略はなかったのか」『早稲田大学アジア太平洋研究科論集』。
モリソン，チャールズ（2009），「アジア太平洋地域協力とAPECの将来に関する米国のもう一つの展望」『国際問題』第585号。

（三浦秀之）

第12章
先行き不透明となった米中関係と世界経済秩序の行方

はじめに

米大統領選では大方の予想に反して,「米国第一」を唱えるトランプが勝利した。これにより,今後の米国の対外戦略が非常に不透明となってしまった。大統領就任前の現時点で,トランプ新政権下の米国がどこに向かうのか予想するのは難しい。選挙期間中にみせた過激な発言をどこまで修正させるつもりなのか,まだはっきりしないからだ。

中国が提唱する「新型の大国関係」とは裏腹に,米中間の懸案となっている南シナ海問題をめぐる溝は埋まらず,米中関係は,最近数年間で最悪の状態といっても過言でない。米国では大統領選のトランプ旋風の影響でナショナリズムと保護主義が高まり,再び「中国叩き」が強まっている。米中関係は安全保障と通商の両面でますます先鋭化するのか。

トランプ新政権が TPP(環太平洋パートナーシップ協定)から離脱すれば,米国のこれまでの通商戦略のシナリオが崩壊する。「一帯一路構想」を打ち出し AIIB(アジアインフラ銀行)を主導する中国は,アジアでの影響力を着々と拡大させている。米国が主導する世界経済秩序はもはや終焉に向かい始めたと見るべきか。

本章では,トランプ新政権下で仕切り直しとなる米中関係に焦点を当てて,オバマ政権の対中戦略を振り返るとともに,先行き不透明となった米中関係の深層を世界経済秩序の視点から鳥瞰したい。

第1節　米中G2体制の可能性と条件：所詮は同床異夢か

1．G2論は必然か，幻想か

2009年1月，オバマ政権が発足すると間もなく米中G2論が登場した。G2論とは，米中両国が協力して経済から政治，安全保障までグローバルな重要課題に取り組み，世界を主導していくべきだという考え方である。G2論の背景には，中国を最重要視するオバマ政権の姿勢があった。

オバマ政権の意気込みは，2009年7月に開催された米中戦略経済対話（S&ED）の第1回会合で強く印象づけられた。オバマ大統領は「米中関係は21世紀の形を決める」と述べるなど，まさにG2時代の幕開けを思わせた。

しかし，中国の胡錦濤国家主席には，G2論は中国に過剰な国際的責任を負わせるための米国が仕掛けた罠かもしれないという穿った見方と警戒心があった。結局，CO2削減をめぐり米中が激しく対立し，2009年12月の地球温暖化防止交渉であるCOP15の決裂を境に，協調への期待は失望に変わった。G2体制への期待は1年目でしぼみ，2年目に入ると戦略的に重要な問題で次々と米中の対立が目立つようになり[1]，米国内における米中G2論は後退していった。

ところで，G2論については米国内でも賛否が分かれている[2]。ブッシュ政権の国務副長官で，オバマ政権の下では世界銀行総裁を務めたR.ゼーリックは，2005年9月の演説で，中国を「ステークホルダー（利害共有者）」と見なし，国際社会の中に積極的に取り込んで責任ある行動を取らせるような対中政策を提唱し，世界経済の問題解決には米中両国の先導的な協力が必要だと論じている。

しかし，G2体制の意義はともかく，実効性についてはかなり疑問視されている。米中の基本的な価値観の相違といった観点から，G2論を批判する意見は多い。米外交評議会アジア研究部長のE.エコノミーは，2009年5月のフォーリン・アフェアーズ誌に載せた論文で，G2体制は幻想であって，米中の間には政治体制，価値観などに基本的な違いがあり，その違いを無視して協議を進めても不毛だと主張している。

これに対して，G2必然論を唱えるピーターソン国際経済研究所のF. バーグステンは，2009年9月の下院外交委員会の公聴会で，中国に圧力をかけるだけでは問題の解決につながらず，むしろ，米中によるリーダーシップの共有こそが中国を変えさせる最もよい方法だと述べている。

いずれにしても，中国の異質性を前提としたうえで，中国に国際社会の責任あるパートナーとして行動させるためにはどうすればよいのか，現実的な解決策が求められている。

2．「新型の大国関係」は中国の一方通行

さて，習近平政権に代わると今度は中国版G2論とも呼ばれる提案が，中国側から米国に持ちかけられた。「新型の大国関係」という概念がそれである。米国のアジア回帰（リバランス）とTPP交渉の進展によって，中国への警戒感が高まっていると判断した習近平国家主席は，米国との新型大国関係の構築によって，米国の圧力を回避しようとしている。

米中は，台頭する新興の大国と既存の大国の間で戦争が起こるという「トゥキディデスの罠」に陥るリスクに晒されているといえよう。「新型の大国関係」の概念は，① 衝突・対抗せず，② 両国の国益を相互に尊重，③ ウィンウィンの協力，という3つの原則から成る。対立を抱えながらも利害の一致する分野で協力を進めるというものだ。

しかし，米中間の協力関係を模索する一方で，中国が持ちかけた「新型の大国関係」をそのまま米国は受け入れるつもりはない。様子見の構えである。なぜなら，中国が「核心的利益（core interests）」の尊重を求めているからだ。

中国の核心的利益は当初，台湾，チベット，新疆の3地域であったが，中国が南シナ海や尖閣諸島にも触手を伸ばしている。2014年4月には中国外交部が，釣魚島（尖閣）は中国の核心的利益に属すると発表した。米国が中国の核心的利益を尊重すれば，日米同盟を揺るがしかねない。

また，南シナ海でも，2013年11月に中国国防省が防空識別圏の設定を一方的に宣言し，2015年2月にはスプラトリー諸島（南沙諸島）での岩礁埋めたて問題が浮上，人工島の滑走路建設など軍事拠点化が進められている。この南シナ海の問題を米国が容認すれば，ASEANとの関係が損なわれる。

表 12-1　最近の米中関係の主な動き

2009年 1 月	オバマが大統領就任，G2 論の登場
7 月	第 1 回米中戦略経済対話がワシントンで開催
2010年 7 月	クリントン国務長官が「南シナ海は米国の国益」と中国を牽制
2011年 1 月	胡錦濤が訪米，首脳会談
2013年 3 月	習近平が国家主席に就任
6 月	習近平が訪米，「新型の大国関係」を提案
11 月	中国が尖閣諸島を含む東シナ海上空に防空識別圏を設定
2014年 11 月	APEC 北京会合でオバマ訪中，気候変動問題で米中協力に合意
2015年 2 月	中国による南シナ海・南沙諸島での岩礁埋め立てが発覚
6 月	米政府の人事管理局にサイバー攻撃，政府職員の個人情報が流出，AIIB の設立総会
9 月	習近平が訪米，首脳会談
10 月	TPP 交渉が大筋合意
2016年 6 月	米中戦略経済対話の開催（北京）
7 月	オランダ・ハーグの仲裁裁判所が，中国の南シナ海での主権を認めず
11 月	米大統領選挙，トランプが勝利

（出所）筆者作成。

力による現状変更を推し進める中国の動きを見過ごせば，オバマ政権のリバランス政策が破綻してしまう。このため，強硬姿勢に転じたオバマは，2015年9月に行われた米中首脳会談でも習近平が提案する「新型の大国関係」を無視し，包括的な共同声明発表にも応じなかった。米中新型大国関係の実現は，核心的利益がカギを握っている。

オバマ政権は，中国の強引な海洋進出を警戒し，中国を牽制してきたが，外交・安全保障面で，トランプ新政権が対中戦略を大幅に見直す可能性は否定できない。南シナ海における中国の主権を否定した2016年7月の仲裁裁判所判決など，米中の安全保障上の主要問題について，トランプがどこまで深く認識しているのか疑問視されている。

トランプは台湾の蔡英文総統との電話会談を軽々とやってのけ，「一つの中国」さえも取引材料にする。中国が譲れない「核心的利益」を突き，経済問題で中国を歩み寄らせるつもりなら，危うい外交手段だ。

第2節　米国のTPP戦略と中国包囲網は崩壊か

1．TPPは今や「風前の灯」

妥結かそれとも漂流か，交渉の行方が注目されたTPPは2015年10月初，米アトランタでの閣僚会合で大筋合意に達した。もし決裂すれば，年単位で漂流しかねないという時間切れ寸前の際どい決着だった。

ハイレベルで包括的な「21世紀型のFTA」を目指して2010年3月に始まったTPP交渉は，参加国の利害が対立し難航した。とくに揉めた分野は，物品市場アクセス（関税撤廃），投資，知的財産権，競争政策（国有企業改革）など，各国の国内事情で譲歩が難しいセンシティブなものばかりであった。

TPP交渉の潮目が変わったのは，2014年11月の米議会中間選挙後である。上下両院とも自由貿易に前向きな野党の共和党が勝利したことで，レームダック（死に体）化しつつあるオバマ政権だが，皮肉にも，TPPに後ろ向きな与党民主党に代わって共和党の協力を取り付け，TPP交渉に不可欠とされた通商交渉の権限を大統領に委ねるTPA（貿易促進権限）法案を2015年6月下旬に，上下両院とも薄氷の採決であったが可決・成立させた。

TPA法案の成立を追い風に，日米関税協議も決着の見通しがつき，TPP交渉妥結への機運が高まるなか，9月下旬，12カ国は米アトランタで閣僚会合を開き，大筋合意を目指した[3)]。

米国の政治日程を考えれば，2016年の米大統領選の予備選が本格化する前に，TPP交渉を決着させる必要があった。レガシー（政治的な業績）が欲しいオバマにとっては，アトランタ閣僚会合が最後のチャンスであった。

漂流の懸念も高まるなか，TPP交渉は，医薬品のデータ保護期間，乳製品の関税撤廃，自動車・部品の原産地規則の扱いをめぐって土壇場までもつれたが，難産の末，大筋合意にこぎつけた。TPP交渉が漂流すれば，中国が一帯一路構想とAIIBをテコにアジア太平洋の覇権争いで勢いづいてしまうとの警戒心が，米国を大筋合意へと突き動かした。

オバマは合意直後の声明で，「中国にルールをつくらせてはならない」と，アジア太平洋のルールづくりを主導した意義を強調し，アジアで存在感を増す中国を強く牽制した。TPPは米国にとって，戦略上，通商面だけでなく安全保障の面でも中国包囲網を形成するための重要な手段といえる。

2016年2月，TPPの調印が参加12カ国の間で行われ，各国は発効に向けた国内手続きに入った。米国ではポピュリズム（大衆迎合主義）の台頭でトランプ旋風が吹き荒れた大統領選の影響で，民主，共和両党の有力候補がそろってTPP反対を表明するなど，TPP法案は米議会の早期承認を得ることが難しい状況に陥った。

そうした中で米大統領選は大方の予想に反して，TPP離脱を明言していた共和党候補のトランプが勝利した。これにより，オバマが大統領選直後から新議会開催までの「レームダック会期」に議会からTPP法案の承認を得る見通しもなくなり，トランプ新政権の下で，TPPが批准される可能性も薄くなった。米国が批准しなければTPPは発効できない[4)]。TPPは今や風前の灯となった。

2．TPP頓挫で一番喜ぶのは中国

TPPが，アジア太平洋における米国の影響力を強める最も重要な手段の一つであることは今さら言うまでもない。TPPが米議会で批准されなければ，米国はアジア太平洋の通商ルールづくりの担い手となる権利を放棄することになる。中国がアジア太平洋の覇権を狙い，米国に取って代わろうと積極的に動いているだけに，TPPをめぐる米国の失態による影響は非常に大きいと言わざるを得ない。

TPPの頓挫は，中国にとっては喜ばしいことに違いない。習近平も笑いが止まらないだろう。中国は自由化レベルの高いTPP交渉には参加できなかった。TPP交渉が妥結したとき，TPPによる中国包囲網を警戒していた中国は焦ったはずだ。米国はポストTPPを睨み，将来的に中国も含めてTPP参加国を拡大し，FTAAP（アジア太平洋自由貿易圏）を実現しようとしていたからである。国有企業，政府調達，知的財産権などで問題の多い中国に対して，TPPへの参加条件として，政府による市場への介入・干渉を認める「国家資本主義」からの転換とルールの遵守を迫るというのが，米国の描くシナリオであった。

TPP から離脱すれば，米国は自ら「墓穴を掘る」ことになる。中国の影響下で通商ルールがつくられる絶好の機会を，中国に与えることになるからだ。TPP に代わって，中国が肩入れする RCEP（東アジア地域包括的経済連携）がアジア太平洋の新たな通商秩序の基盤となろう。ASEAN+6 による RCEP は，TPP よりずっとレベルの低い FTA（自由貿易協定）である。RCEP に米国は参加していない。TPP の頓挫は，アジアでの影響力の拡大を狙う中国の思う壺である。

トランプは，いま東アジアで起きている米国にとって「不都合な現実」を直視すべきだ。覇権国の座を狙う中国の台頭という新たな地政学的リスクに対応しなければならない。トランプ新政権の対応がまずければ，米国はきっと東アジアから締め出されてしまうだろう。

しかし，トランプが「就任 100 日行動計画」の中で TPP 離脱を表明している以上，2 年後の中間選挙を意識すれば，「米国にとってプラスになるように変えた」という形をつくらずに，手のひらを返すように TPP を容認するのは困難な状況である。したがって，トランプ新政権の下で TPP の離脱が回避され，首の皮一枚残ったとしても無傷では済まない。TPP の一部見直しがなければ，米議会で TPP の承認は得られそうもない。落としどころは良くても再交渉であろう。もはやセカンドベストの選択しかない。

しかし，それは米国の勝手な都合であり，他の TPP 参加国からすれば，更なる譲歩を迫られる「ふざけた話」に映るに違いない。もし再交渉になったとしても，ガラス細工のような TPP 合意を修正するのは容易な話ではない。時間がかかるが，違う名称を付けて衣替えし，厚化粧もさせた「TPP 修正版」という形で，成立させるのではないかという見方は楽観的すぎるか[5)]。

3．FTAAP への道筋をめぐる米中の角逐：変わる力学

APEC（アジア太平洋経済協力会議）は，2010 年の首脳宣言「横浜ビジョン」によって将来的に FTAAP の実現を目指すことで一致しているが，TPP ルートかそれとも RCEP ルートか，さらに，両ルートが融合する可能性があるのか否か，FTAAP への具体的な道筋についてはいまだ明らかでない。

このため，14年11月のAPEC北京会合では，FTAAP実現に向けたAPECの貢献のための「北京ロードマップ」策定が主要課題となった。議長国の中国は，FTAAP実現のための具体的な交渉または協議をAPECで開始するため，首脳宣言にFTAAP実現の目標時期を2025年と明記し，具体化に向けた作業部会の設置も盛り込むよう主張した。

しかし，FTAAPをTPPの延長線に捉えていた日米などがTPP交渉への影響を懸念し強く反対したため，FTAAPの「可能な限り早期」の実現を目指すと明記するにとどまり，具体的な目標時期の設定は見送られた。

他方，作業部会については，TPPやRCEPなど複数の経済連携を踏まえFTAAPへの望ましい道筋についてフィージビリティ・スタディ（実現可能性の研究）を行い，その成果を2016年末までに報告することとなった。ただし，研究報告の後すぐにAPEC加盟国がFTAAP交渉に入るわけではない。研究とその後の交渉は別というのが，日米の立場だ。

習近平は，FTAAP実現に向けた「北京ロードマップ」を「歴史的一歩」と自賛した。しかし，北京ロードマップは米国によって横車を押され，当初中国が意図していた作業部会の設置と目標時期の設定は，完全に骨抜きにされた感は否めない。

FTAAPのロードマップ策定についての提案は，中国の焦りの裏返しと見ることもできる。TPP交渉に揺さぶりをかけるのが真の狙いだったようだ。TPP交渉が妥結すれば，FTAAP実現の主導権を米国に握られ，下手をすれば中国は孤立する恐れもある。そこで，TPP参加が難しい中国は，TPP以外の選択肢もあることを示し，ASEANの「TPP離れ」を誘うなど，TPPを牽制した。

FTAAPへの具体的な道筋について，中国としては米国が参加していないRCEPルートをFTAAP実現のベースにしたいのが本音だ。どのルートかでFTAAPのあり方も変わってくる。中国がFTAAP実現を主導するかぎり，国家資本主義と相容れない高いレベルの包括的なメガFTAは望めそうもない。

2015年11月フィリピンのマニラでAPEC首脳会議が開催された。「北京ロードマップ」の採択からちょうど1年，TPPかRCEPか，FTAAPへの道筋をめぐる米中のつばぜり合いが再び繰り広げられた。

首脳宣言ではFTAAP実現に向けた取り組みの強化が確認されたものの，TPP大筋合意によるTPP参加の流れを止めたい中国が，TPPの文言を盛り込むことに反対，その是非をめぐり激しい応酬があった。結局，「TPP交渉の大筋合意を含む域内FTAの進展と，RCEP交渉の早期妥結を促す」といったTPPとRCEPの両方に言及する形で決着した。

さて，TPPの発効がトランプの米大統領選勝利で困難視されるなかで，2016年11月ペルーのリマでAPEC首脳会議が開かれた。FTAAP構想については，2020年までに各国が実現に向けた国内での課題を洗い出し，準備を進めるとの方針を確認した。FTAAPの実現はTPPやRCEPをベースに作り上げることとし，TPP参加国が発効に向けた国内手続きを進めるべきだとの認識を共有した。各国はTPP存続へ協調を演出した形だ。

しかし，FTAAPの実現に向けてAPEC内の力学は一変した。TPPが視界不良となる中で，これまでTPPの脇役でしかなかったRCEPの存在感が増したことは否めない。TPPの後退を絶好の機会と意識した習近平は，途上国でも入り易い低レベルのRCEPを軸に据える考えを鮮明に打ち出すなど，米国に代わり中国がFTAAPの実現を主導する構えを見せた。

TPPが生き残れるのかどうか，APECのどの国も様子見の状態である。今後，米国のTPP離脱が確実になれば，包括的で質の高いTPPを米国抜きで実現するインセンティブは失われ，TPP離れのドミノ現象が起こる可能性も否定できない。トランプ・ショックによって，FTAAP実現の道筋がどうなるのか，先行きは不透明であり，全く予断を許さない状況に陥った。

第3節　中国の一帯一路構想とAIIB設立の含意

1．一帯一路構想の曖昧さと危うさ

APEC北京会合以降，中国の対外戦略の主眼は「一帯一路構想」に移りつつある。中国が提唱する一帯一路の構想とは，現代版シルクロード構想とも呼ばれ，中国から中央アジアを経由して欧州につながる「シルクロード経済ベルト」と，東南アジアやインド洋，アラビア半島を経由する「21世紀海上

シルクロード」の2つで構成され，前者を一帯（one belt），後者を一路（one road）と呼ぶ。

習近平は，APEC北京会合で中国が400億ドルの「シルクロード基金」をもって中央アジアや東南アジア地域でインフラ建設を推進すると発表した。中国の狙いは，アジアから欧州に至る広大な地域経済の一体化を目指し，シルクロード経済圏を構築することであるが，同時に，生産過剰の状態にある国内産業の新たな市場開拓と対外投資の促進を図りたいとする中国の経済的な思惑もある。

この一帯一路構想は，中国にとって米主導のTPPに対抗する重要な手段と位置づけられる。21世紀海上シルクロード（一路）は，RCEPをベースにアジア太平洋にまで拡がる可能性がある[6)]。習近平は2013年6月の米中首脳会談で，「太平洋は米中を収納するのに十分な大きさだ」と語り，アジア太平洋を米中両国で分割統治しようと暗に持ちかけた。しかし，オバマ政権は慎重姿勢を崩さなかった。アジア太平洋の主導権を中国に譲るつもりも，分かち合うつもりもないからだ。

2015年7月にロシアのウファで開催された第15回上海協力機構（SCO）首脳会議は，一帯一路構想を支持することで合意した。しかし，一帯一路構想は，少なくとも現時点では具体的なルールに欠けた「曖昧なビジョン」に過ぎない。TPPのように明確なルールや規定を持った経済連携とは異なる。一帯一路が，どのような経済連携を目指しているのか，どういうルールなのか，不確定かつ不透明な点が多い。

このため，一帯一路の建設については前途多難が予想され，懐疑的な見方も少なくない。所詮は同床異夢，この構想がいずれ具体化していけば，中国とロシア，インドとの利害対立が表面化する可能性が高いからだ。

中露の蜜月がいつまでも続くとは考えにくい。旧ソ連の復活を夢見るプーチン大統領が主導するユーラシア経済連合と，シルクロード経済ベルト（一帯）の構想が重複している。現時点では中露関係を維持するため，曖昧な形のままプロジェクト建設で連携を進めようとしているが，中央アジアの支配をめぐる両国の思惑の違いは，大きな火種である。

インドも同様で，中国によるインド洋の支配を許すつもりは毛頭ない。中国の海洋進出を睨み，海軍力の強化を加速させている。「真珠の首飾り」とも呼ばれる21世紀海上シルクロード（一路）構想の下，港湾などのインフラ整備を通じて，中国が南シナ海やインド洋で影響力を増大させようとしていることに警戒を強めているからだ。

2．AIIBの設立：中国の思惑と米国の懸念

「一帯一路」と呼ばれる陸と海のシルクロード構想の資金源として目下最大の注目を集めているのが，AIIB（アジアインフラ投資銀行）である。AIIBは，2015年6月に設立協定を結び，2016年1月に本格的に業務を開始した。資本金は1000億ドル，中国が最大の出資国となり，本部は北京，初代総裁はAIIB設立の立役者，中国人の金立群である。

AIIBの必要性については，すでにADB（アジア開発銀行）が存在していることを理由に屋上屋だとの批判もあるが，中国は，今後アジアのインフラ需要が高まるなかで世界銀行やADBだけでは対応しきれないと主張している。

しかし，それは建前で，中国がAIIB設立を提唱した背景には，IMF（国際通貨基金）や世銀など既存の国際金融機関が議決権や人事などで米国主導であることや，ADBも米国の同盟国である日本が取り仕切っていることへの不満があった。

AIIBについては，「中国による中国のための中国の銀行」だとして先進国には懐疑論も多い。2015年3月末，ルー米財務長官が李克強首相と会談した際，「AIIBは運営で高い基準を維持し，既存の国際金融機関と協力すべき」と注文をつけ，現時点ではAIIBに参加しない旨を伝えた。米議会は対中強硬派が多くAIIBへの出資を認める可能性が低く，当面参加は難しいだろう。

米国がAIIBの問題点として批判しているのは，組織の運営に関わるガバナンス（統治）の問題である。世銀やADBとは異なり，本部に常駐の理事を置くことなく運営するとしている。しかし，常設理事会なしで運営のチェックができるのか。インフラ融資の優先度に関して合理的な判断ができるかは怪しい。既存の国際金融機関との融資条件の緩和競争が懸念され，融資案件が環境や人権への配慮を欠く恐れもあるなど，ガバナンスに関しては多くの問題がある。

このため，米国は AIIB に参加し内部から影響力を行使することによって，インフラ融資を管理すべきだとの批判は少なくない。ではなぜ，米国は AIIB 参加に拒絶反応しているのか。それは，AIIB が中国の国際金融戦略上，極めて重要な役割を担っており，米国の国益を大きく損ねる恐れがあるからだ。

中国の国際金融戦略の目標は，人民元の国際化である。AIIB の設立に向けた中国の動きは，人民元の基軸通貨化も視野に入っており，早晩，人民元建ての融資が増える可能性がある。この点こそ，米国が最も警戒しているところなのである。米国の金融覇権は，ドル基軸通貨体制の存続が前提である。したがって，ブレトンウッズ体制と呼ばれる IMF と世銀を中核とした戦後の国際金融システムの終焉の始まりとなるかもしれない AIIB の創設は，米国として受け入れがたいものであった。

米国は，AIIB を米主導の国際金融システムへの挑戦と受け止め，G7 のメンバーにも不参加を呼びかけた。日加は米国と共同歩調をとり参加を見合わせたが，英独仏伊の欧州 4 カ国は AIIB に参加，G7 は仲間割れの形となった。

欧州 4 カ国は一帯一路構想の下，インフラ開発が進むことで欧州にとって中国市場が近くなり，そうした経済効果を期待して AIIB 参加に踏み切ったのであろう。実利主義の視点から中国カードを切った。中国が一帯一路構想と AIIB によって欧州を取り込み，米国を牽制しようとしていることに，米国は苛立ちを隠さない。

いずれにせよ，AIIB の設立は，米国が主導してきた戦後のブレトンウッズ体制に風穴をあけた。それは戦後 70 年を経て，国際金融システムも大きな転機を迎えていることを示唆するものである。

3．中国は国際社会の責任あるパートナーとなれるか

2015 年 3 月，北京で開かれた全国人民代表大会（国会に相当）で，習近平が「新型の国際関係」という新たな概念を打ち出した。戦後 70 年が経ち世界経済秩序に大きな変化が生じているとし，これまでの世界経済秩序の枠組みを改革する必要性を強調した。

一帯一路構想を掲げる習近平の戦略は，AIIB をテコに周辺外交を強化するのが狙いだと考えられる。中国はこれまで米中関係について「新型の大国関

係」を提唱してきているが，新たに「新型の国際関係」という概念を打ち出した背景には，今後，米国に伍していくためにはより多くの国の支持と協力が必要であるとの判断がある。

要するに，一帯一路構想もAIIBも，中国が増大する経済力を背景に各国との結びつきを強め，多国間の枠組みでアジア太平洋の成長を主導しようとする試みである。この中国の台頭に対して日米欧をはじめとする国際社会は，どう対応すべきか。

一帯一路構想とAIIBを通じて，中国に対して多国間の枠組みで国際的なルールに従った責任ある行動を取るよう促すことにより，その影響力を新たな世界経済秩序に取り込むことが望ましいとする見方がある[7)]。果たして中国の経済力を積極的に活用することができるのか。また，中国に国際社会の責任あるパートナーとして行動させることができるのか。中国への対応をめぐる論争が再燃している。その答えが，一帯一路構想とAIIBの行方に隠されている。

最後に，日本が油断してはならない問題がある。中国はトランプが米次期大統領になるのをチャンスと見て，米国をAIIBに引きずり込もうとするだろう。中国が，利で動くトランプ流の交渉を逆手にとって「取引」に誘い込み，最優先の課題とする雇用創出につながる中国から米国への大型投資などを餌にすれば，トランプは中国の甘い誘いに乗ってしまうかもしれない。そうなれば，日本はTPPだけでなく，AIIBでも米国に梯子を外されることになる。

【注】

1）2010年1月から3月にかけて，米国の台湾向け武器売却決定，ダライ・ラマ14世とオバマの面会，人民元切り上げ問題など，米中の利害対立が表面化した。また，米下院外交委員会の公聴会でグーグル問題が取り上げられ，中国政府の言論弾圧に対する非難が相次いだ。

2）G2論争の詳細については，馬田（2012）参照。

3）7月下旬にも，12カ国は米ハワイで閣僚会合を開き，大筋合意を目指したが，想定外の「伏兵」の登場で溝が埋まらず，交渉は物別れに終わった。ニュージーランドが医薬品のデータ保護期間を人質に，乳製品の大幅輸入拡大を要求したからだった。

4）TPPは，全ての参加国の国内手続きが完了すれば，60日後に発効する。しかし，署名後2年が経過しても批准できない国があった場合には，6カ国以上が批准し，かつ，それらの国のGDP合計が12カ国全体の85%以上を占めれば発効する。ただし，米国が60.5%，日本が17.7%を占めるため，両国が批准しないかぎりTPPは発効されない。

5）他方，ペルーのクチンスキー大統領は，米国抜きでも中国やロシアなどが参加する新たな枠組みのTPP実現が可能だとの認識を示している。

6）実際，14年11月，習近平はAPEC北京会合で「亜太夢（Asia-Pacific Dream）」を掲げ，各国と協力して「一帯一路」の建設を推進していきたいと呼びかけた。
7）河合正弘（2015）。

【参考文献】

伊藤隆敏（2015），「アジア投資銀の行方・上：拙速な参加見送りは妥当」，日本経済新聞・経済教室（4月30日付）。
河合正弘（2015），「アジア投資銀の行方・下：国際秩序に中国取り込め」，日本経済新聞・経済教室（5月1日付）。
江原規由（2015），「中国のFTA戦略の行方と影響：一帯一路建設構想はメガFTAの孵卵器」石川幸一・馬田啓一・高橋俊樹編著『メガFTA時代の新通商戦略：現状と課題』文眞堂。
江原規由（2015），「中国のFTA戦略の中心：一帯一路（シルクロード）構想」国際貿易投資研究所『季刊 国際貿易と投資』No. 101。
遊川和郎（2015），「AIIBと中国の対外経済協力」朽木昭文・馬田啓一・石川幸一編著『アジアの開発と地域統合：新しい国際協力を求めて』日本評論社。
馬田啓一（2012），「オバマ政権の対中通商政策」国際貿易投資研究所『季刊 国際貿易と投資』No. 88。
馬田啓一（2015），「ポストTPPの米中関係と世界経済秩序の行方」国際貿易投資研究所『フラッシュ』No. 253。
馬田啓一（2016a），「FTAAPへの道筋と米中の角逐」国際貿易投資研究所『世界経済評論』Vol. 60, No. 3。
馬田啓一（2016b），「ポストTPPとアジア太平洋の新秩序」日本国際問題研究所『国際問題』No. 652。
馬田啓一（2016c），「米国のTPP離脱の衝撃：トランプは本当に墓穴を掘るのか」国際貿易投資研究所『フラッシュ』No. 310。

（馬田啓一）

第Ⅲ部

加速する日本経済のグローバル化

第13章

EPAによる日本の外国人介護労働者受け入れの実態と課題

はじめに

EPA（経済連携協定）[1]による外国人介護労働者の受け入れ開始から約8年が経過した。日・インドネシア経済連携協定（2008年7月1日発効）に基づき2008年度から，日・フィリピン経済連携協定（2008年12月11日発効）に基づき2009年度から，日・ベトナム経済連携協定（2012年6月17日発効）に基づき2014年度から，年度ごとに，外国人看護師・介護福祉士候補者の受入れを実施し，これまでに3国併せて累計3100人が入国した（2015年度の入国完了日（2015年7月26日）時点）。

これら3国からの受入れは，看護・介護分野の労働力不足への対応として行うものではないとされている[2]。国としては専門的・技術的分野の外国人労働者の就業を積極的に推進する一方，いわゆる単純労働者の受入れなど，外国人労働者の受入れ範囲の拡大は，国内労働市場への影響を考慮する方針を堅持している[3]。この受入れは外国人介護労働者を単純労働者として雇用するためのものではなく，あくまで日本とインドネシア，フィリピン，ベトナム各国との経済連携の強化のために行うものとされている。

本章では，EPAによる外国人介護労働者受け入れの実態について，その開始期からの状況を整理し，今後の課題を明らかにする。なお本章では，外国人介護労働者を「日本で働くことに制限のない外国人を除いた，介護分野での就労を目的としている外国人労働者」とする。また看護分野の受け入れについては，その専門職としての歴史的及び制度的な違いから，ここでは取り扱わないこととする。

第1節　EPAによる外国人介護労働者受け入れ制度の概要[4]

まず現在の入国の条件であるが，インドネシアについては，3年以上の高等教育機関卒業をしてインドネシア政府に介護士認定を受けるか又はインドネシアの看護学校（3年以上）を卒業し，日本語研修を6カ月受けた段階で日本語能力試験N5以上の者にのみ入国を認めることとしている。フィリピンについては，4年生大学を卒業後フィリピン政府による介護認定を受けるか又はフィリピンの看護学校（4年）を卒業するという条件と，さらにインドネシアと同様に日本語研修を6カ月受けた段階で日本語能力試験N5以上の者にのみ入国を認めることとしている[5]。この条件は，インドネシアに関しては2014年度受け入れから，また，フィリピンに関しては2016年度と2017年度受け入れに限定されている。ベトナムについては，訪日前日本語研修の到達目標が1年でN3合格となっている[6]。また日本語能力試験N2以上の場合は，インドネシア・フィリピンについては訪日前の6カ月の日本語研修を受けずに入国することができ，さらに入国後の6カ月の日本語研修が免除される。またベトナムについては12カ月の日本語研修を受けずに入国することができる[7]。

入国後，インドネシア・フィリピンについては，さらに6カ月の日本語研修を，ベトナムについては2.5カ月の日本語研修を受けたのち，受け入れ施設での就労がスタートする。受け入れ施設とのマッチングのタイミングは，インドネシア・フィリピンに関しては訪日前日本語研修を開始する前に行うが，ベトナムについては訪日前日本語研修を終了し日本語能力試験のN3以上を取得した者が，日本国内の受入れ病院・介護施設とのマッチングを経て雇用契約を締結する，

入国後は，在留資格「特定活動」で日本語及び導入研修を行い，その後も同様の在留資格「特定活動」で介護施設での就労・研修を行う。各施設に受け入れられた外国人介護福祉士候補者は，就業経験3年後に国家試験の受験資格を得られる。これは日本人介護士が，実務経験3年で国家試験が受験可能となることと同様の扱いである。国家試験に合格した場合は引き続き就労可能となる

が，不合格の場合，帰国しなければならない。ただし，一定の条件を満たす者は，不合格であっても協定上の枠組みを超えて，一年間の滞在延長が可能なる。また，不合格となって帰国した後も，在留資格「短期滞在」で再度入国し国家試験を受験することが可能である。

第2節　EPAによる受け入れにおける制度変更

1．試験制度

EPAによる看護師・介護福祉士候補者の国家試験については，2010年度から試験問題に関わる変更がなされた。まず看護師の国家試験について2010年度から疾病名に英語を併記し，外国人名には原語を併記する，また英字略語には正式名称を併記するなどの改善策が実施された。続いてEPAによる介護福祉士候補者にとっては第一回目の国家試験となる第24回（2011年度）から，候補者は一般の受験者と別室で受験できるようになった。さらに第25回（2012年度）から問題用紙の全ての漢字にふりがなを付ける，わかりやすい日本語へ改善する，試験時間を一般受験者の1.5倍に延長する，といった措置が追加された[8)]。

同時に，不合格者に対して再受験機会を提供することになった。まず2012年の試験から1度の不合格者に再受験を認めることとなった。その契機はEPA候補者の最初の国家試験受験のおよそ1年前である。2011年3月11日，「経済連携協定（EPA）に基づくインドネシア人及びフィリピン人看護師・介護福祉士候補者の滞在期間の延長について」という閣議決定がなされた。ここでは2010年度からEPAに規定する義務を超えた追加的な学習支援を本格的に開始したとの理由から，この支援が開始される前の2008年度又は2009年度に入国した候補者について，外交上の配慮の観点から一定の条件に該当した場合に追加的に1年間の滞在期間延長を認める対象とすることを決めた。同様の閣議決定は2013年2月26日にもなされた。ここでは2010年度から2012年度までに入国し，かつ，6カ月間の訪日前日本語研修を受講していない候補者について一定の条件に該当した場合に，追加的に1年間滞在期間を延長し，国家試験を受験する機会を特例的に1回に限り得られるようにすることとした。滞在延長と再受験を認める「一定の条件に該当した場合」とは，合格基準点の5割以上の得点を取りながら，不合格となった者であった。さらに2015年2月においても，政府は24日の閣議で，在留期間を特例で1年間延長し，国家試験を再受験できるようにすることを決めた。対象は2012年度と2013年度に両国から来日した候補者で在留期間中に国家試験に不合格となった者で，ここでも引き続き病院や介護施設で就労や研修を続けながら，再受験を目指せるようにすることとされた。

2．受け入れ施設への支援

2010年度から受け入れの枠組みにいくつかの変更があった[9)]。まず受け入れ施設への学習経費の支援制度が開始された。候補者1人当たり年間23.5万円以内で日本語学習に対する支援費用が給付され，受け入れ施設の研修担当者への手当という名目で，1施設当たり年間8万円以内の支援費用が出されるようになった。

次に配置基準の見直しである。2012年4月1日以降，まず「夜勤に係る加算及び昼間ユニット単位での配置基準等」について見直しがなされた。候補者として1年以上の勤務経験があるか，あるいは日本語能力がN2以上であれば，1年待つことなく就労開始後から，夜勤シフトに組み入れることができることになった。その後，夜勤だけでなく，ユニットケアを実施する施設では昼間ユニット単位の人員にカウントすることもできるようになった。ただしそれは夜勤加算とユニット単位という限定された分野での評価にとどまった。しかしこの限定性も，翌年の2013年4月1日以降は取り払われ，EPA候補者として6カ月経過した者あるいはN2以上の日本語能力を持つ者は，介護保険制度上の「職員の基本の配置基準」に加えてよいこととなり，介護報酬に係る書類上は正規の職員と同じ扱いができることとなった。

第3節　EPAによる外国人介護労働者受け入れ実態

1．受け入れ人数（表13-1）

EPAによる受け入れが開始された2008年以降2015年まででで2106人の介護福祉士候補者が来日しており，受け入れ施設数も延べ925施設となっている。

まずインドネシアでは，2008年度から受け入れが開始された。それ以降2015年度までに1242人が来日した。2010年度から2012年度で一時減少したが，2013年度より増加に転じた。受け入れ施設は延べ537施設となっている。2016年度も276人が入国，116施設が受け入れる予定となっている。

フィリピンでは，2009年度より受け入れが開始された。2009年度以降2015年度までに1088人が来日した。インドネシアと同様に2010年度から2012年度で減少したが，2013年度より増加に転じている。受け入れ施設は延べ470施設となっている。2016年度も240人が入国，86施設が受け入れる予定となっている。

最後にベトナムの受け入れは，2014年度より開始された。2014年度は117人，2015年度は138人が入国した。2016年度については，5月26日，162名の介護福祉士候補者が日本に入国した。

初年度の2008年度はインドネシアから104人を53施設が受け入れた。その当時より1施設当たり平均して2人の受け入れだった。翌年度からフィリピンが新規に参加し，190人が92施設に受け入れられた。しかし，各国から300人を上限に受け入れるとした協定内容に照らすと，フィリピン190人，インドネシア189人と，200人にも及ばなかった。さらにインドネシア第3陣，フィリピン第2陣に当たる2010年度から急速に受け入れ施設，受け入れ人数が減少した。受け入れ施設数はともに34となり，2011年度になると，インドネシアからの受け入れ施設は29まで落ち込んだ。その後2012年度から増加に転じ84人（2012），98人（2013），152人（2014），253人（2015）と受け入れ開始期の状況をやや上回る状況にある。フィリピンについても同様に，73人（2012），87人（2013），147人（2014），218人（2015）と回復した。

表 13-1　EPA による介護福祉士候補者の受け入れ人数

		インドネシア			フィリピン			ベトナム				就学コース			合計	
		希望	入国者	施設	希望	入国者	施設	希望	入国者		施設	希望	入国者	施設	人数	施設数
平成20年度	2008	291	104	53											104	53
平成21年度	2009	232	189	85	288	190	92					158	27	6	406	183
平成22年度	2010	87	77	34	102	72	34					25	10	6	159	74
平成23年度	2011	67	58	29	73	61	33								119	62
平成24年度	2012	78	72	32	84	73	35								145	67
平成25年度	2013	115	108	42	98	87	37								195	79
平成26年度	2014	154	146	61	152	147	64	241	117		62				410	187
平成27年度	2015	260	212	85	253	218	89	312	138		58				568	232
平成28年度（予定）	2016		276	116		240	86		165	(162)	78				681	280
計		1,284	1,242	537	1,050	1,088	470	553	420		198	183			2,787	1,217

（出所）国際厚生事業団（2015），「平成 29 年版 EPA に基づく外国人看護師・介護福祉士受入れパンフレット」。

2016 年度受け入れ予定数は，過去最高でインドネシア 276 人，フィリピン 240 人が予定されている。実際の入国数は入国希望者数と受け入れ施設数によって決まってくるが，入国人数と同様の傾向が認められている。

なおフィリピンの就学コースについては，2009 年度に 27 人，2010 年度に 10 人が入国したが，その後このコースでの入国者は消失した[10)]。

2．介護福祉士試験の合格の状況（表 13-2）

EPA による介護福祉士候補者の最初の受験は第 24 回（2011 年度）介護福祉士国家試験だった。2012 年 3 月 28 日，その合格者発表があり，EPA による介護福祉士候補者の初めての試験結果が公表された。この第 24 回の日本人を含む全体の受験者は 13 万 7961 人，合格者は 8 万 8190 人，全体の合格率は 63.9％であった。一方 EPA 候補者は 95 人が「3 年の実務経験」という受験要件を満たし受験したが，そのうち合格者は 36 人で合格率は 37.9％であった。

2015 年度までに EPA 方式に関連した国家試験は 5 回実施された。それぞれの合格率は開始期より 4 割弱で推移してきていたが，第 28 回（2015 年度）の国家試験では合格率が初めて 50％を超えた。ちなみにこの第 28 回の日本人を含む全体の受験者は 15 万 2573 人，合格者は 8 万 8300 人で全体の合格率は

57.9％であった。5 回を合計した EPA 介護福祉士候補合格者の総数は 402 人となった。

2008 年度に入国したインドネシアからの第 1 陣 94 人の受験生の受験年度は 2011 年度だけでなく，2012 年度にも 10 人が再受験し，2013 年度にさらにも

表 13-2　EPA による介護福祉士候補者の国家試験結果

		インドネシア			フィリピン			ベトナム		全体		
		受験者数	合格者数	合格率	受験者数	合格者数	合格率	受験者数	合格者数	受験者数	合格者数	合格率
平成20年度	2008											
平成21年度	2009											
平成22年度	2010											
平成23年度	2011	94	35	37.2	1	1	100.0			95	36	37.9
平成24年度	2012	184	86	46.7	138	42	30.4			322	128	39.8
平成25年度	2013	107	46	43.0	108	32	29.6			215	78	36.3
平成26年度	2014	85	47	55.3	89	31	34.8			174	78	44.8
平成27年度	2015	82	48	58.5	79	34	43.0			161	82	50.9

（出所）厚生労働省「第 28 回 介護福祉士国家試験における EPA 介護福祉士候補者の試験結果」。

表 13-3　入国年度別合格率

			入国者数	合格者数	合格率	内訳				
						第24回	第25回	第26回	第27回	第28回
						H23年度	H24年度	H25年度	H26年度	H27年度
インドネシア	第 1 陣	平成20年度入国	94	46	48.9	35	10	1		
	第 2 陣	平成21年度入国	165	82	49.7		75	5	2	
	第 3 陣	平成22年度入国	71	52	73.2		1	40	11	2
	第 4 陣	平成23年度入国	52	34	65.4				34	4
	第 5 陣	平成24年度入国	65	42	64.6					42
フィリピン	第 1 陣	平成21年度入国	137	50	36.5	1	40	6	3	
	第 2 陣	平成22年度入国	52	32	61.5		1	26	5	
	第 3 陣	平成23年度入国	51	21	41.2		1		20	6
	第 4 陣	平成24年度入国	55	26	47.3				2	24

（注）▢ 部分は，EPA による入国前に現場経験のあった候補者数。

（出所）厚生労働省「第 28 回 介護福祉士国家試験における EPA 介護福祉士候補者の試験結果」。

う1人が再受験している（表13-3）。インドネシア第1陣94人については，1回限りの受験であれば合格率は37.2%であったが，その後の再受験も含めると累積合格率は48.9%に上昇することになる。さらにインドネシア第3陣の累積合格率は76.1%に，フィリピンの第2陣の累積合格率は61.5%に達するなど，再受験を含めると受験資格を得た候補者の合格率はかなり高い数字となる。

3．入国後の就労率（表13-4）[11]

2014年度4月1日の状況をみてみると，2009年度入国者の場合，入国者379人のうち就労者は163人で就労者の比率は43.0%だった。この就労者163人中64人は資格を取得していない候補者だが，これは国家試験不合格になりながら再受験を前提に1年間の就労継続許可がおりたものである。この入国者に占める就労者の比率は2008年度入国者では29.8%と，帰国者の割合は受け入れ年度が古いほど多くなっている。

2008年度の入国者104人のうち46人が国家試験に合格したが，合格前の帰国者は58人に上った。合格者46人のうちさらに15人が帰国し，結局31人が介護福祉士として働いている。入国者に対する資格取得後の就労者の割合を定着率とすれば，その割合は29.8%となる。入国者のおよそ30%が労働者とし

表13-4　入国年度別候補者の状況

		入国者数	資格取得者	就労中			就労率	定着率	帰国等	
				候補者	資格取得者	就労者			候補者	資格取得者
平成20年度	2008	104	46	0	31	31	29.8	29.8	58	15
平成21年度	2009	379	127	64	99	163	43.0	26.1	188	28
平成22年度	2010	149	68	50	67	117	78.5	45.0	31	1
平成23年度	2011	119	1	106	1	107	89.9	0.8	12	0
平成24年度	2012	145	0	140	0	140	96.6	0.0	5	0
平成25年度	2013	195	0	195	0	195	100.0	0.0	0	0
平成26年度	2014	414								
平成27年度	2015									
計		1,505	242	555	198				294	44

（出所）国際厚生事業団「EPAによる外国人介護福祉士及び同候補者受入れの現状及び課題」第8回第6次出入国管理懇談会，平成26年4月21日。

て定着していることになる。2009年度（平成21年度）の入国者について同様にみると，入国者数379人，途中帰国者188人，合格者127人，合格後の帰国者28人であり，国家試験に合格し就労を継続している者は99人で定着率は26.1％である。2010年度については，入国者149人，途中帰国者31人，合格者68人，合格後の就労継続者67人となり，定着率は45.0％だった。

第4節　EPAによる外国人介護労働者受け入れの特徴と課題

1．入国者の定着問題

介護福祉士の資格を取得できなかったとしても候補者としての身分のまま日本で4年間の単位で就労する人が増大する傾向にある。その主な理由は，3年の就業経験後の受験不合格者に対して再受験を前提とした1年間の就業継続措置がとられたことにあるものといえる。さらに日本への定住化を目的とせずに来日する候補者の存在もその理由の1つに挙げられよう。元々日本で働き高い賃金を得て日本語を取得するだけの目的で来日する候補者は少なくないものと考えられる。一方で，資格を取得をして日本への在留資格が付与されたにもかかわらず，来日4年後に帰国する資格取得者が少なくない。介護福祉士資格を持てば母国での就業に困ることはないと必ずしも言えないが，日本での滞在期間中に得た経験や日本語力を生かして母国でより安定した生活を手に入れる可能性は高い。また日本の多くの介護施設では年功賃金体系をとっていないため，勤続年数の伸びによる賃金上昇もなく，また介護福祉士資格の資格手当はあるものの高額ではない（施設差はあるが月1万円程度）ので，長期勤続や資格取得への動機づけに欠ける。これは日本人介護士の低い定着率の1つの原因であるが，それは外国人介護士にとっても同じである。また，介護福祉士資格を取得して日本での就業が可能となっても，母国に残した家族がいるため，惜しまれながら帰国してしまう者が少なからずいる。しかし，彼らの在留資格では，自分が介護福祉士として日本で働きながら，家族を日本に呼び寄せて一緒に暮らしたいという希望を叶えることができない。この問題は，介護福祉士が在留資格として新たに加えられることになった場合を含め，日本の移民政策にも大きく関わるものであり，今後のEPA事業の展開と並行して検討されなければならないだろう。

2．合格率の問題

2011年度までに入国した者のうち，622名中317名が合格し合格率は51.0%だった。予想以上に合格率は年々上昇していると言えよう。この背景には候補者の学習環境の改善および受験制度の変更が影響しているものと思われる。まず候補者が施設に配属されてからの学習環境の改善に向けた取り組みが2010年度からなされたが，この支援の効果がある程度生じたものと考えられる。候補者に対する日本語の学習支援や介護実務の専門学習支援にはその時間や人員を確保しなければならず，それには当然そのための費用が発生する。そのコストを施設に「丸投げ」するのではなく，政府として費用補助することを決定し，候補者一人につき年間23.5万円を予算計上した。これによって外部から講師を派遣したり，外部の学習施設へ通わせたりすることができるようになった。そして受け入れ施設の研修担当者には，年間8万円が手当として支給されることとなった。まずこのような支援が奏功したといえよう。

同時に，試験問題で使用されたすべての漢字に振り仮名を付記する，試験時間を1.5倍に延長するなどの優遇措置をEPAによる介護士候補者へ認めることに変更されたことの影響もあるだろう。不合格者の再受験が認められたことも大きい。不合格者の再受験人の割合を救済率とすれば，第24回の受験者の救済率が最も低いが，それでも80%である。その後は90%前後となっている。

とはいえ，その合格率は日本人の合格率と比較した場合には，十分に高いとはいえない。そのさらなる上昇を目指すならば，よりきめ細かな支援が必要であろう。その場合，介護福祉士国家試験の合格率と大きな関係があるのはやはり日本語能力であると思われる。しかしながら，現実には日本語能力試験N5以上レベル（ベトナムからはN3以上）が入国前の要件であるから，こうした候補者を受け入れている現状では国家試験合格に必要な日本語能力を向上させることは極めて困難であるかもしれない。費用対効果の側面から見ると，候補者への日本語教育は大変に費用がかかるものでありながら，受け入れ施設側は彼らの長期勤続を望めないという問題がある。受け入れ外国人介護労働者への日本語教育の問題と，介護職への専門性付与の問題は密接に結びついており，外国人介護労働者受け入れ問題の根幹をなす問題といえよう。

3．受け入れ施設の問題

EPAによる受け入れは入国希望者と受け入れ施設とのマッチングによって行われる。したがって，いくら希望者が増えても受け入れ施設数が増加しなければ，実際の入国者数は増加しない。しかし，受け入れ施設が容易に増えない構造的な問題はそのまま放置されていると言えよう。

受け入れ施設の職場では，とりわけ受け入れ開始時に職員の負担が増加する。1つは，候補者に対する日本語教育と介護福祉士資格取得のための受験教育である。担当者にとっては費用の問題以上に，仕事の負担増として感じられよう。教育に伴う負担感は，もし教育対象者の能力が向上し国家資格取得という結果によって報いられるならば和らげられる類のものであるが，候補者が帰国を前提とした出稼ぎ意識が強い者であった場合，あるいは資格取得後の転職などの出来事が起きると，仕事の負担感がそのまま徒労感へと繋がりやすい。またその研修担当者を通常の現場業務から離して研修を担当させるとなれば，職場要員に余裕がなくなる。そもそも人手不足の職場では，研修担当者を確保できないので，受け入れ施設となることができない。

しかしそれ以上に受け入れ施設側にとって切実な問題は，受け入れ費用の問題である。具体的にその費用負担額をみると，求人に伴う費用として，日本側斡旋機関の国際厚生事業団に支払い，また現地送り出し機関である政府機関に1人当たり4万円弱から5万円強を支払う。さらに，日本語研修費用としてインドネシア人候補者とフィリピン人候補者にはそれぞれ1人当たり36万円の費用を要する。ベトナム人候補者の場合は，現地での日本語訓練費用はODAによる日本政府負担となるのでやや費用が押さえられ，1人当たり26万円である。受け入れ施設は，基本的には2人以上の候補者を受け入れなければならないため，施設の負担金額は就業前研修までの負担だけで100万円を超え，就業後も研修教育費用などを含め月々約30～50万円かかるとされる。

こうした費用負担が受け入れ施設数に大きく影響することになる。事実，EPAによる介護士候補者の受け入れ開始期の受け入れ施設はこうした費用負担が可能な極めて優良な施設に限定されていた。EPA の協定上の基本的な枠組みによれば，EPA 候補者はあくまで介護福祉士国家試験の合格をめざして専門知識・実務を勉強している研修者であって，けっして労働力ではない。EPA による受け入れにおいて教育訓練は最優先の課題でなければならない。本来，教育訓練はコストがかかるし，またコストをかけるべきものであるが，それができる施設は多くはない。一時的に発生する求人費用だけでなく，継続的に発生する教育訓練費用の負担問題は，外国人介護労働者受け入れ政策のあり方に関わる大きな課題だろう。

おわりに

EPA による日本の外国人介護労働者受け入れ政策は，相手国からの強い要望に基づき交渉した結果，経済活動の連携の強化の観点から実施を始めたものであることは間違いない。しかし一方の介護現場での捉え方は必ずしもそうとは限らないだろう。その受け入れの理由として国際貢献を第 1 にあげる施設は確かにあるだろうが，実質は介護人材をどう確保していくべきかの選択肢の 1 つとしてそれを試みている施設は少なくないものと思われる。今後さらに介護人材不足が深刻化すれば政府も経済連携や国際協力といった理由ではなく，より本格的に介護人材不足対策の 1 つとして EPA による受け入れ政策のあり方を検討することになるかもしれない。

しかしながらこの EPA の特徴は，少人数でしかも入国条件に介護専門職としての素養，日本語力が求められなおかつ在留資格として日本の介護福祉士国家試験合格という条件をつけた，極めて厳格なものとなっている。にもかかわらず，それをクリアした人すべてが日本に留まるわけではない。今後 EPA による受け入れを介護人材確保策として位置づけようとするならば，候補者が日本で長期的に就労し続けることができる条件を整えるか，あるいは元々，EPA による入国者が，日本で介護職として働き続けるわけではないということを前提として対処すべきであろう。しかしそもそも後者のつもりであれば，就労継続支援にコストをかけることは得策ではないかもしれないが，だからといって，すべての人が早期帰国希望者ではないのだから，やはり国家試験合格後のEPA介護士への就労継続支援は必要である。EPA介護士の個別事情に合わせた対応が望ましいといえよう。

【注】

1）一般的には，「自由貿易協定」（FTA：Free Trade Agreement）の呼称が使用されているが，日本においては，いわゆる自由貿易協定（物品やサービスの貿易障壁の削減・撤廃を目的とする）の要素に加え，投資，人の移動，知的財産保護，協力等の広範な分野を対象としていることから，協定の名称は「経済連携協定」（EPA：Economic Partnership Agreement）を用いている。

2）国際厚生事業団（2015），「平成29年版EPAに基づく外国人看護師・介護福祉師受入れパンフレット」6-7頁を参照。

3）社会保障審議会福祉部会福祉人材確保専門委員会は「2025年に向けた介護人材の確保」（2015年2月25日）という報告書を出した。不足する介護人材のために外国人労働者を受け入れるという施策は，この時点で既定路線となっていたが，それがこの報告書で言及されていない。理由は，「介護職員側からの慎重な意見や移民論議への警戒感もあるため」といわれている。

4）厚生労働省「インドネシア，フィリピン及びベトナムからの外国人看護師・介護福祉士候補者の受入れについて」（http://www.mhlw.go.jp/stf/seisakunitsuite/bunya/koyou_roudou/koyou/gaikokujin/other22/index.html, accessed September 2016）を参照。

5）EPA協定中には，訪日前の日本語研修の規定がなかったので，これは受け入れ現場からの要請によって設置されたものと思われる。

6）EPA受け入れでは，要求される日本語レベルが技能実習制度による介護士候補者の受け入れ基準のN4レベル（基本的な日本語を理解することができる，小学校低学年レベル）よりも高く設定されている。平成29年度受入れの候補者については，訪日前日本語研修開始前に日本語能力試験N4，N3を取得している者は，訪日前日本語研修6カ月を免除とすることが検討されている。当初は「要件」とされていたが，現在は「目標」の用語が使用されている。

7）日本語能力試験は，日本語を母語としない人々の日本語能力を測定し認定する試験として1984年に国際交流基金と日本国際教育支援協会の2団体が共催で開始した。認定は5段階あり，N1は幅広い場面で使われる日本語の理解，N2は日常的な場面で使われる日本語の理解とより幅広い場面で使われる日本語のある程度の理解，N3は日常的な場面で使われる日本語のある程度理解，N4は基本的な日本語の理解，N5は基本的な日本語のある程度理解，とされている。

8）佐藤忍（2015），「EPAに基づく外国人介護福祉士の受け入れ」『香川大学経済論叢』Vol. 87, No. 3·4，66-67頁を参照。

9）同上書，66-67頁を参照。

10）「就学コース」は実務経験後の国家試験受験によって介護福祉士の資格を取得するのではなく，養成校修了によって介護福祉士資格を取得するコースである。2009度および2010年度のフィリピン人候補者についてのみ受け入れが実施され，以後は実施されていない。

11）佐藤忍（2015），前掲書，59-60頁および国際厚生事業団「EPAによる外国人介護福祉士及び同候補者受入れの現状及び課題」第8回第6次出入国管理懇談会，平成26年4月21日（http://www.moj.go.jp/nyuukokukanri/kouhou/nyuukokukanri06_00050.html, accessed September 2016）を参照。

（岡村　裕）

第14章
会計基準の国際的統一と日本の選択

はじめに

20世紀後半に始まった会計制度の国際的調和化の動きは，今世紀初頭にかけて，IFRS（International Financial Reporting Standard；国際財務報告基準，以下IFRSと略称する）で世界各国の会計基準を統一する方向に急速に舵を切った。そしてその背景には世界中の企業が複数の外国資本市場で資金調達することが常態になってきたことが挙げられよう。それぞれの企業が本国の基準に従って財務諸表を作成した場合，投資家や金融機関などの財務諸表読者が，当該企業の業績を判断したり，他社との比較をしたりすることができなくなってしまうのである。そういう点では，この会計基準の国際的統一の動きは，まさに市場の要請であったと言えよう。

EU諸国の2005年からの上場企業の連結財務諸表へのIFRS強制適用，国際会計基準委員会（International Accounting Standards Committee，以下IASCと略称する）の30のコア・スタンダードの発表[1)]，IASCの国際会計基準審議会（International Accounting Standards Board，以下IASBと略称する）への組織改編などの動きは，会計基準の国際的統一の動きに一層の拍車をかけた。その結果，IFRSの採用がEU諸国だけではなく，多くの国々に広まり，IFRSを強制あるいは容認している国は120カ国を超えるまで拡大していったのである。

ここに至りついに米国の会計基準こそが世界最高水準であると自負し，米国基準での統一こそが会計基準の国際的統一であると考えていた米国も，これまでの方針を転換することになる。2008年に米国が，そして翌年には追随するようにわが国が，3年後にIFRS強制適用の可否を判断し，さらにその3年後にそれぞれIFRSの強制適用に踏み切ることを相次いで表明した。主要国の中でたった2カ国だけ，IFRSを強制あるいは容認していない国であった米国と日本がIFRS強制適用に踏みきることで，世界の会計制度がIFRSで統一されることになったと思われたのであった。

しかしながら，結果的にはわが国および米国のIFRS強制適用は幻に終わった。2010年ならびに11年，米国およびわが国は相次いで，IFRS強制適用の事実上の延期を表明したのである。

本章では2011年6月のIFRS強制適用延期の表明後，会計基準の国際的統一の問題に関して，わが国がどのような選択をしたのかについて考察していきたい。

第1節　幻に終わったIFRS強制適用

1．強制適用延期の国際的背景

周知のように，2011年6月，当時の自見庄三郎金融担当大臣が「仮に2012年にIFRSの強制適用を決定しても，実際に施行するまでには5~7年の期間を置く」との新方針を記者会見で表明した。これはIFRS強制適用の事実上の延期の表明である。

このわが国のIFRS強制適用延期の背景には国際的・国内的両方の要因がある。そこでまず，国際的要因から考察してみる。

わが国のIFRS強制適用延期の判断に大きな影響は与えたのは，2010年2月の米国の強制適用延期の表明である。すなわち米国証券取引委員会（U.S. Securities Exchange Commission；以下SECと略称する）が公表したワークプランには，「2011年に判断し，2014~2016年に上場企業へ強制適用」とされていたIFRSについて，「判断後5~7年の準備期間を置き，2016~2018年に適用も」と明記されていた。IFRS強制適用の延期である。

もともと米国企業は米国市場では他国の会計基準を認めないが，他国では米国基準を認めてもらえるという，きわめて有利な状況にあった。ところがこの有利な状況も，2005年からEUの上場企業の連結財務諸表へのIFRS強制適用によって，米国企業が欧州市場で資金調達を続けるためには，自国会計基準のIFRSとの同等性評価が必要となった。そこで米国の会計基準設定団体である財務会計基準審議会（Financial Accounting Standards Board；以下FASBと略称する）は，自国基準をIFRSに近づけるコンバージェンス作業に本格的に取り組むことになったのである。

しかしながら世界各国がIFRSのアドプションを進めていく状況で，コンバージェンスには時間がかかり，アドプションの方が効果的で現実的であると言う判断から，強制適用に踏み切ったのである。

ところが2010年のSECの判断は強制適用延期である。さらに翌2011年4月には，同年6月とされていたIASBとFASBのコンバージェンス作業の数カ月延期を表明し，5月には今後もコンバージェンスを継続するが，今後の基準の設定・改訂にはFASBの当初からの参加を前提にすることを公表した。これはIFRS強制適用の延期と言うよりはむしろ，撤回という判断であった。

米国のこれらの判断の背景には，EU諸国を中心とした各国のIFRSの適用状況がある。EU諸国でもIFRSを全面的に適用している国は英国だけである。他の国々は上場企業の連結財務諸表に強制適用しているのみにすぎない。上場会社の個別財務諸表や非上場会社については，IFRSの任意適用すら認めていない国もある。またIFRSを一部修正し，部分的に適用している国もあるのが現実である。

ここに至って米国はIFRS強制適用の方針を撤回し，再び会計基準設定の主導権を取り戻そうと動き出したのである。そもそもEUがIFRSの強制適用を決めたのも，IFRSにおける米国の影響力の増大を懸念したからである。米国がまだ国際会計基準を受け入れていないこの時期に，米国に先行して国際会計基準を積極的に採用し，IASCの中心メンバーとして基準作成をリードし，国際会計基準の中にEUの主張を盛り込むべきであるという考えからであった。そういう点ではまさに会計基準設定の主導権を巡る，米国と欧州との争いである。

この米国の転換，そして会計基準設定の主導権を巡る米国・欧州の争いの影響を，日本はもろに受けることになる。すなわち米国のIFRS強制適用延期表明の1年後に，わが国も同様に延期を表明することになったのである。したがってわが国のIFRS強制適用延期は，「理念・国益なき対米追随」であるという批判にさらされることになる。

2．強制適用延期の国内的背景

一方，国内的要因としては，まず2011年4月の「単体財務諸表に関する検討会議」報告書が挙げられる。この報告書は2009年6月に公表された「我が国における国際会計基準の取扱いに関する意見書（中間報告）」を受けて，1年半に及ぶ6回の議論を踏まえてまとめられたもので，連結財務諸表はIFRSを採用し，個別財務諸表は日本基準を採用することが望ましい，すなわち連単分離を支持する意見が論じられている。

この報告書には2008年2月の経団連の欧州調査が密接に関係している。彼らはこの欧州調査で前述のようなEU諸国のIFRSの適用状況を知ることになった。その結果，これまでIFRS強制適用の旗振り役でもあった経団連が，連単分離に傾いていったのである。

次いで米国IFRS強制適用延期表明を受けて，産業界が日本でもIFRSの強制適用延期の要望書を提出したことが挙げられる。第2次世界大戦後のわが国経済が米国経済と密接に結びついて発展してきたことは，異論のないところであろう。したがってわが国企業も，海外進出に際しては欧州よりもまず米国へ，という企業が圧倒的に多いという事実がある。わが国の開示制度上でも，会社計算規則第120条の2項によって米国基準での開示が容認されており，ソニーやトヨタ自動車など，30社を超える日本を代表する企業が米国基準での開示を採用していた[2)]。

これらの企業は，米国がIFRS強制適用の方針を撤回したにもかかわらず，わが国のみがIFRS強制適用に踏み切った場合，大きな財務コストを負担することになってしまう。これまで米国基準で作成された財務諸表のみを作成すれば良かったものが，わが国ではIFRSにしたがった財務諸表を作成・開示し，米国では米国基準で作成された財務諸表を作成・開示しなければならなくなるからある。したがって米国基準採用会社は，IFRSの強制適用延期と米国会計基準の使用期限撤廃を訴える要望書を2011年5月に提出することになったのである。

さらに国内的な要因として大きかったのが，2011年3月に発生した，未曾有の災害である東日本大震災の影響である。震災後に起こった証券市場における株式の下落や急激な円高による外貨建て資産の減少により，2011年3月期のわが国上場企業の包括利益が，前年比40％も減少してしまった。ここに至って産業界は一斉にIFRS強制適用の延期を望むようになる。「一時点の企業価値よりも，ゴーイングコンサーンが重要である」という言葉に代表されるように，産業界は企業が継続して営業を続けること，すなわち生き残りを選択したのであった。

以上の複数の要因から，わが国では2011年6月にIFRS強制適用延期を表明することになったのであった。

第2節　IFRS強制適用延期後のわが国の対応

1．IFRSに対する対応

わが国ではすでに2009年6月に「我が国における国際会計基準の取扱いについて（中間報告）」を公表し，一定の要件を満たす企業に対して2010年3月期よりIFRSの任意適用を認めていた。しかしながら強制適用の延期表明と同時に，まず2016年3月期で使用終了とされていた米国基準での開示の使用期限を撤廃し，引き続き使用可能とした。

その後，企業会計審議会は2012年7月に「国際会計基準（IFRS）への対応のあり方についてのこれまでの議論（中間的論点整理）」（以下，「中間的論点整理」と略称する）を公表した。「中間的論点整理」では，IFRSの任意適用の積み上げをはかりながら，IFRS適用のあり方について検討するべきであるとしている。そして2013年6月には，企業会計審議会が「国際会計基準（IFRS）への対応のあり方に関する当面の方針」（以下，「当面の方針」と略称する）を公表した。

この「当面の方針」はIFRS強制適用の是非についてはまだ判断する時期ではないとし，「中間的論点整理」を受けて，任意適用の積み上げをはかるための対応策を以下のように明らかにしている。

①　任意適用要件の緩和

②　エンドースメントされたIFRSの仕組みを設ける

③　単体開示の簡素化

これを受けて，2012年12月に政権を奪回した自民党が，2013年6月に「国際会計基準への対応についての提言」を公表したが，その骨子は以下のようになっていた3)。

1)「単一で高品質な国際基準」を策定するという目標にわが国がコミットメントしていることをあらためて国際社会に表明すべきである。

2) 安倍首相が表明した「集中投資促進期間」である今後3年間のできるだけ早い時期に，強制適用の是非や適用に関するタイムスケジュールを決定する。

3)「IFRSの顕著な適用」を実現するために，2016年末までに300社程度の企業がIFRSを適用する状態になるよう，あらゆる対策を検討する。

4) IFRS策定に関わるポストを確保し，日本の主張を明確にした上での積極的意見発信に心がける。

5) IFRS適用にともなう企業の実務負担の軽減に努め，金融商品取引法における単体開示の簡素化を進める。

この自民党の提言は，企業会計審議会の「当面の方針」よりもさらに一歩進んだものになっていた。このうち「当面の方針」で指摘されたエンドースメントされたIFRSについては次節で論じるとして，本節ではIFRSの任意適用の積み上げ，およびそのための任意適用要件の緩和や単体開示の簡素化などの問題について考察することにする。

2．IFRS任意適用企業の拡大に向けて

さて「当面の方針」が公表されて以降，IFRS任意適用企業を拡大するための制度改正が行われることになる。まず2013年10月にはIFRS任意適用要件を緩和するための連結財務諸表規則等の改正が行われた。

この改正はIFRS任意適用に関する要件と適用時期の制限の緩和からなっていた。このうち前者のIFRS任意適用要件については，これまでの「上場要件」「国際的な財務・事業活動要件」「財務諸表の適正性確保の体制要件」の3

要件のうち，「上場要件」「国際的な財務・事業活動要件」の2つの要件を廃止したものである。これによって上場企業であること，ならびに外国に資本金20億円以上の連結子会社を有しているなど，国際的な財務活動・事業活動を行っていることという2つの要件が撤廃され，新規株式上場企業や資本金20億円以上の外国子会社を有しない企業もIFRS任意適用が可能になり，これまでよりもハードルが低くなったと言えよう[4)]。

後者のIFRS任意適用時期の制限の緩和については，これまで年度末または第1四半期からのみ認められていたIFRS任意適用を，第2・第3四半期から適用することも認められるようになったのである。

次いで2014年3月には，連結財務諸表作成会社に対して単体開示の簡素化をはかる，財務諸表規則等の改正を行った。この改正は会社法における開示水準と大きく異ならない項目については，会社計算規則による注記をもって行うことができるという改正，および連結財務諸表で充分な情報が開示されている場合には，単体部分の開示を免除するという改正である。これらによってIFRS任意適用企業の個別財務諸表ベースでの開示を簡素化し，負担を軽減することを試みたのであった。

ところでこれらの一連の改正により，企業会計審議会はIFRS強制適用の判断を留保し，任意適用する企業を増やすことを考えていた。そこにはIASBのモニタリング・ボードのメンバー選定要件が関係していた。

2012年2月にIFRS財団のガバナンス改革に関する最終報告書が公表され，IFRS財団のモニタリングを行うモニタリング・ボードのメンバーは，その資本市場でIFRSを適用しているか，適用を確約しており，かつ，IFRS財団に資金を拠出している国・地域の代表者に限定されるとされた[5)]。さらに2013年3月のモニタリング・ボードのプレスリリースには，IFRSの適用について，「IFRSの適用を強制するかまたは容認し，実際にIFRSが顕著に使用されているか，もしくは合理的な期間のうちにそのような状況に移行することに関する意思決定をすでに行っている」[6)]という評価ポイントが明示された。ボードのメンバーの評価は3年ごとに行うこととされている。

現在のメンバーには日本の金融庁も含まれている。同じようにIFRSの強制適用の判断を延期し，米国企業にいまだIFRSの採用を強制していないSEC

がメンバーから外されることは考えにくいが，日本の場合には，どれだけIFRS任意適用企業の数を拡大させることができるかにかかっていると言えよう。したがって金融庁および企業会計審議会も，政府・自民党も，IFRS任意適用企業拡大のために必死になっていると言えるのである。

第3節　修正国際基準とその問題点

1．エンドースメントされたIFRSの公表

さて前述のようにIFRS強制適用の判断延期後，企業会計審議会が打ち出した施策の中には，エンドースメントされたIFRSの仕組みを設けることがある。そこで本節ではこのエンドースメントされたIFRSについて考察していきたい。

企業会計審議会は「当面の方針」で，IFRSを何ら変更なくそのまま適用するというピュアなIFRSは維持することを明言している。その上で，多くの国・地域でエンドースメント手続（自国基準へのIFRSの取込み手続）が導入されていることを考慮し，「『あるべきIFRS』あるいは『我が国に適したIFRS』といった観点から，個別基準を一つ一つ検討し，必要があれば一部基準を削除又は修正して採択するエンドースメントの仕組みを設けることについては，（中略）我が国における柔軟な対応を確保する観点から有用であると考えられる」[7)]と論じている。

このエンドースメントの手続きは，IFRSの基準が「我が国における会計基準に係る基本的な考え方と合わない場合及び実務上の困難さがある場合において，一部の会計基準等を『削除又は修正』して採択する仕組みを設けることで，IFRSをより柔軟に受け入れることが可能になるとともに，『削除又は修正』する項目についての我が国の考え方を意見発信することが可能になると考えられる」[8)]のである。

以上のような方針に基づき，企業会計基準委員会（以下，ASBJと略称する）が2013年7月に作業部会を設け，エンドースメント手続きが開始された。この手続きは2012年12月31日現在でIASBにより公表されている13の

IFRSなどの会計基準等を対象に行われ，以下の4つの項目について，会計基準に係る基本的な考え方に重要な差異があるものとして，懸念が示された。

① のれんの非償却

② その他の包括利益（OCI）のリサイクリング処理及び当期純利益（純損益）に関する項目

③ 公正価値測定の範囲

④ 開発費の資産計上

このうち，③および④については「削除又は修正」を最小限にするという観点から，「削除又は修正」をしないという結論となった。したがって①と②についてのみ，エンドースメント手続きが行われることになった。

①の企業結合で発生したのれんについてはIFRS第3号「企業結合」によって償却が禁止されており，減損のみが行われることになっている。これに対してわが国では「のれんは，投資原価の一部であり，企業結合後の成果に対応させて費用計上すべきものであるため，償却すべき資産と考えている」[9]。またわが国企業の経営者の立場に立ってみても，のれんに対する投資は償却手続きによって費用に計上しない限り，回収できないわけであるから，償却を支持することになる。したがってわが国の会計基準の考え方とあまりにも開きが多いため，「削除又は修正」を行い，20年以内の耐用年数にわたって，定額法その他の合理的な方法で規則的に償却することとしている。

②のその他の包括利益（OCI）のリサイクリング処理については，IFRS第9号「金融商品」およびIAS第19号「従業員給付」によって，その他の包括利益に計上した後に，当期純利益に組替調整（リサイクリング処理）しない会計処理，いわゆるノンリサイクリング処理が採用されている。これに対してわが国では，その他の包括利益を通じて公正価値で測定する資本性金融商品への投資の公正価値の変動，純損益を通じて公正価値で測定する金融負債の発行者自身の信用リスクに起因する公正価値の変動，および確定給付負債又は資産（純額）の再測定については，リサイクリング処理を行う考え方である。これは「これらのノンリサイクリング処理によって，当期純利益の総合的な業績指標としての有用性が低下すると考えている」[10]からである。したがってわが国の会計基準の考え方とあまりにも開きが多いため，「削除又は修正」を行い，

これらの項目についてリサイクリング処理を行うこととしている。

その結果，この2つの項目について，それぞれ修正国際基準第1号および第2号として，2014年7月に公開草案が，そして2015年6月に確定基準が公表され，2016年3月31日以後終了する連結会計年度から適用が認められたのである。

2．修正国際基準の問題点

さて，以上のような経緯でわが国ではエンドースメントされたIFRSが作成された。これをわが国では日本版IFRSと呼ぶことを考えていたが，結果的にはIFRS財団からIFRSの文言を使用することを拒否されてしまい，修正国際基準という，実に曖昧な名称になってしまった。IFRS財団から，修正国際基準はIFRSとは似て非なるもの，IFRSとは呼べないものであるという評価が下されてしまったわけである。何故IFRS財団は修正国際基準をIFRSとは似て非なるものであるという判断をしたのであろうか。

IFRSはその基本思考の1つとして，アングロ＝サクソン的会計観である，資産負債アプローチを採用している。これは，利益を「1期間における営利企業の正味資源の増分の測定値」[11]と考え，「利益を資産・負債の増減額にもとづいて定義する」[12]としている。その結果，収益は資産の増加額および負債の減少額に，反対に費用は資産の減少額および負債の増加額に基づいて定義されることになる。

企業結合で発生したのれんを償却せず，減損のみを行う手続きは，まさにこの資産負債アプローチに基づいた考え方である。これに対してわが国ののれんについての考え方である償却処理は，伝統的な会計観である費用配分の論理であり，収益費用アプローチに基づいた考え方である。したがって資産負債アプローチを採用しているIFRSは，のれんの償却を認めるわけにはいかなかったのであろうと考えられる。

その他の包括利益のリサイクリング処理とノンリサイクリング処理についても，会計観の相違から来る利益の考え方の相違の問題であろう。IFRSは業績利益に資産価値の増減を加えた資産負債アプローチに基づく包括利益を重視しているのに対し，わが国の場合は伝統的な業績利益である当期純利益を重視している。

もともとわが国の会計基準とIFRSとの間に大きな差異は見られない。数少ない差異が実はこののれんの償却の問題とその他の包括利益のリサイクリングの問題である。その後，ASBJは2013年中にIASBにより公表された会計基準等をエンドースメント手続の対象として検討を行った成果として，2016年7月に改正修正国際基準を公表したが，基本的な方向性は変わっていない。したがってこの問題について両者が歩み寄ることは難しいと筆者は考えている。もっとものれんについてはIASBでも，IFRS3号の適用後レビューを開始し，のれんの会計処理も含め，包括的な検討を行うことが見込まれており，両者が歩み寄る可能性もないわけではないのが現状である。

おわりに

日本取引所グループの最新の調査によれば，2016年8月現在，IFRS任意適用企業は86社であり，IFRS適用決定会社が34社で，IFRS適用済・適用決定会社は合計120社にまで増加している。この120社を多いと考えるのか，少ないと考えるのかは微妙ではあるが，少なくとも自民党の提言の中での目標には遠く及ばないと言えよう。

わが国と米国が政治的・経済的に強い結びつきがあることを考慮すれば，米国がIFRSに再び背を向けているこの時期に，米国に先駆けてわが国がIFRS強制適用に踏み切ることは難しいと考えられよう。しかしながらIFRSの適用を回避することで，IASBのモニタリング・ボード・メンバーやIFRS財団評議員会のメンバーの資格を失うことは，わが国の国益を考えれば避けなければならない事態でもある。

IFRS強制適用の判断を留保し，適用要件の緩和，修正国際基準の公表，単体開示の簡素化などの施策により，任意適用企業を増やすという現行のわが国の会計戦略は，このような状況の中での苦渋の選択でもあると言えよう。

【注】

1）IASCはそれまで公表していた41の国際会計基準（International Accounting Standard，以下IASと略称する）の中から修正や削除を行い，2000年5月に30の基準をコア・スタンダードとして発表した。

2）金融商品取引法では日本の企業が子会社を米国証券市場に上場することでSECに認められた様式20-Fを提出している場合には，「特例」として子会社の財務諸表として米国基準の連結財務諸表を日本での有価証券報告書に含めることが認められている。2002年からは米国証券市場に上場していなくても，SECに登録し様式20-Fを提出している場合には，米国式連結財務諸表を日本での有価証券報告書に含めることが認められている。

3）さらに安倍内閣は2014年6月に「『日本再興戦略』改訂2014」で「任意適用企業の拡大促進」を，翌2015年6月にも，「『日本再興戦略』改訂2015」で「任意適用企業の更なる拡大促進」を掲げている。

4）これによって2013年3月31日現在で，緩和前の621社から理論的には有価証券報告書提出企業4061社にまで，適用の可能性が広がった。

5）IFRS Foundation Monitoring Board/IFRS Foundation Trustees（2012），*Monitoring Board and the Trustees of the IFRS Foundation announce conclusions of their Governance and Strategy Reviews*, February 2012.

6）IFRS Foundation Monitoring Board（2013），*Monitoring Board finalizes assessment approach for membership criteria and announces Chair selection*, March 2013.

7）企業会計審議会「国際会計基準（IFRS）への対応のあり方に関する当面の方針」2013年6月，4項。

8）ASBJ（2015），『「修正国際基準（国際会計基準と企業会計基準委員会による修正会計基準によって構成される会計基準）」の公表にあたって』2015年6月，9項。

9）同上書，27項。

10）同上書，29項。

11）FASB（1976），"an analysis of issues related to Conceptual Framework for Financial Accounting and Reporting: Elements of Financial Statements and Their Measurement," *Discussion Memorandum*, December 1976, par. 34；津守常弘監訳（1997），『FASB財務会計のフレームワーク』中央経済社参照。

12）*Ibid.*

【参考文献】

FASB（1976），"an analysis of issues related to Conceptual Framework for Financial Accounting and Reporting: Elements of Financial Statements and Their Measurement," *Discussion Memorandum*, December 1976, par. 34.

IASB（2008），"Business Combinations," *IFRS* No. 3, January 2008.

IASB（2014），"Financial Instrument," *IFRS* No. 9, July 2014.

IASB（2011），"Employee Benefits," *IAS* No. 19, June 2011.

IFRS Foundation Monitoring Board/IFRS Foundation Trustees（2012），*Monitoring Board and the Trustees of the IFRS Foundation announce conclusions of their Governance and Strategy Reviews*, February 2012.

IFRS Foundation Monitoring Board（2013），*Monitoring Board finalizes assessment approach for membership criteria and announces Chair selection*, March 2013.

ASBJ（2015），『「修正国際基準（国際会計基準と企業会計基準委員会による修正会計基準によって構成される会計基準）」の公表にあたって』2015年6月。

ASBJ企業会計基準委員会による修正会計基準第1号「のれんの会計処理」2015年6月。

ASBJ 企業会計基準委員会による修正会計基準第 2 号「その他の包括利益の会計処理」2015 年 6 月。
JPX 日本取引所グループ（2016),「IFRS 適用済・適用決定会社一覧」。
企業会計審議会（2009),「我が国における国際会計基準の取扱いについて（中間報告)」2009 年 6 月。
企業会計審議会（2012),「国際会計基準（IFRS）への対応のあり方についてのこれまでの議論（中間的論点整理)」2012 年 7 月。
企業会計審議会（2013),「国際会計基準（IFRS）への対応のあり方に関する当面の方針」2013 年 6 月。
中小企業庁事業環境部財務課中小企業の会計に関する研究会事務局編（2010),『諸外国における会計制度の概要』。
津守常弘監訳（1997),『FASB 財務会計のフレームワーク』中央経済社。

（内藤高雄）

第15章
ASEAN市場統合と日本企業

はじめに

2015年末，AEC（ASEAN Economic Community；ASEAN経済共同体）が発足した。これにより，ASEAN域内のヒト，モノ，カネ，サービス，投資の動きは自由化され，基準の共通化が行われる。域内人口6億2000万人，域内総生産2兆5000億ドル（約300兆円）に達する巨大な経済圏の内需，貿易，投資は，さらに拡大していくだろう。AECは，その実施計画[1)]の中に「グローバルな経済への統合」を掲げており，周辺国とのFTA交渉を引き続き推進し，「ASEAN+1」のFTA/EPA網を構築している。さらに，地域間交渉として，RCEP（Regional Comprehensive Economic Partnership；東アジア地域包括的経済連携）も進行しており，アジアは大市場統合の時代を迎えている。

日本は戦前，戦中と一貫して東南アジア（現ASEAN地域）に対して企業進出を行ってきた。戦後においては特に，1960年代からタイを中心として輸入代替型の進出を行い，以降も継続的に資本を投下し，日本とASEANは相互に経済発展を担ってきた。現在，ASEANに進出している日本企業は1万社を超えている[2)]。少子高齢化により，労働力不足，市場縮小が懸念される中で，日本企業の活路はASEANにありと言っても過言ではない。

ASEANは多様性を特徴としており，それは強みであると同時に弱みでもある。ASEAN10カ国間の関係も多様である中で，中国のプレゼンスも拡大している。さらに，政治的安定性には不安があり，各国それぞれに人権問題や格差問題を抱えている。このような中で，今後，日本企業はASEANとどのように関わっていけばいいのだろうか。本章では，ASEANとの共栄という視点から日本企業の戦略を考えたい。

第1節　ASEAN市場統合によるビジネスの拡大

1．ASEANビジネス発展の方向性

ASEANはモザイクと言われる。言語，文化，宗教も多様であるし，経済発展の段階も異なる。その多様性は強みでもあるのだが，中国，インドと並び立ってアジアの中心（センター）を狙うのであれば，地域としての一体化が求められる。AECは，そのための取り組みのひとつである。ASEAN域内のヒト，モノ，カネの移動の自由化が行われ，単一市場として基準の共通化が図られれば，対外投資も呼び込みやすくなり，さらなる発展が期待できる。

では，今後のASEANビジネス発展の方向性とはどのようなものだろうか。第1にあげられるのは，域内分業のさらなる進展である。既に，1992年にAFTA（ASEAN Free Trade Area；ASEAN自由貿易地域）が創設され，物品貿易においては関税削減・撤廃が実施されている。

部品，半加工品の域内貿易比率は上昇しているが，AECによって関税のみならず非関税障壁の撤廃，税制や知的所有権などのルールの統一が行われれば，モノの移動はさらに加速するだろう。アジア開発銀行主導のGMS（Greater Mekong Subregion；大メコン圏）構想による，東西，南北，南部経済回廊（幹線道路と橋）建設はこれを後押しする。物流ルート，物流コストの最適化が行われ，技術力，安価な労働力，天然資源と各国それぞれの優位性を生かす形で，ASEAN一体での生産体制の構築が可能となる。日系企業も生産拠点の再配置にむけて動きだしている。

生産面だけではなく，消費面の拡大も重要だろう。AECによって経済成長が加速されれば，内需は拡大し，各国の中間層，富裕層の厚みも増してASEAN市場の規模は拡大する。ASEANにおける中間層・富裕層人口は2010年時点の2.7億人から2020年には4.3億人，2030年には6億人まで増加すると予測されている[3)]。1家計当たりの年間可処分所得が5000ドルを超える中間層[4)]は，基礎的支出（生活必需品）から選択的支出（贅沢品，サービ

ス）へとシフトすると言われている。そのため，自動車，家電に加えてヘルスケア，娯楽，教育サービスあるいは日本食や日本への旅行といったことにも関心が広がるだろう。このような消費性向の変化への対応がビジネスチャンスにつながる。

2．各国への期待

ASEAN10カ国はそれぞれ経済規模や発展段階が異なっており，今後，期待されるビジネス分野も異なる。10カ国は，世界銀行の基準によれば，① 低所得国としてカンボジア，② 下位中所得国としてインドネシア，フィリピン，ベトナム，ラオス，ミャンマー，③ 上位中所得国としてマレーシア，タイ，④ 高所得国のブルネイ，シンガポールに分類される[5)]。

このうち，最もビジネス環境の整っているシンガポールには，外資系企業に対してさまざまな優遇税制がある。なかでも，地域ならびに国際統括本部向け優遇税制の導入によって統括本部の誘致に成功し，ASEAN地域内の情報センター，指令センターの地位を確立している。2015年にJETROシンガポールが行った調査[6)]によれば，シンガポールへの地域統括機能の設置は2010年以降急増し，シンガポール日系企業185社のうち，90社（48.6%）が域内グループ企業に対する地域統括機能を有していると回答した。設置例としては，三菱商事（商社），第一生命保険（金融）といった従来のシンガポールのイメージにある企業から，資生堂（化粧品），ヤマトホールディングス（物流），プレナス（「やよい軒」「ほっともっと」などの外食チェーン）など前述したASEANで成長が期待される分野の企業がある。

つづく ③ マレーシアとタイは，既に，自動車産業やエレクトロニクス産業の一大集積地となっている。徐々に，労働集約型の工程を周辺国に移管し，より高度な加工，組み立てを行う段階にある。アジア発のイノベーションを喚起する産業高度化のためには，専門技術職など高度人材の育成と確保が必要となっている。タイの日系工場には周辺国から技術研修生も多数訪れている。また，フィリピンやカンボジアにむけてタイ人の研修インストラクターの派遣も行っている。つまり，ASEAN進出日系企業にとって，タイは技術移転の教育センターの機能も果たしているのだ。例えば，2年に1度，世界の若者たちが技能を競い合う「技能オリンピック（国際技能競技大会）」では，これまで日本代表が自動車生産にかかわる種目で金メダルを獲得してきたが，近年ではタイ人選手が活躍している。

マレーシアはイスラム金融制度，ハラル食品認証制度が導入されていることから，日系企業にとっては，イスラムビジネスへのアクセスポイントとなるだろう。大企業はもちろんのこと，中小企業もハラル市場に活路を求めている。2014年クアラルンプールで開催された「第11回マレーシア国際ハラル見本市（MIHAS）」には，福岡県八女市の「鵜ノ池製茶工場」や，北海道札幌市の「よつ葉乳業」といった地方企業も，ハラル認証を取得して参加している[7)]。

② 下位中所得国のなかでも，インドネシア，フィリピンはその人口が強みとなっている。インドネシアはASEAN第1位（世界第4位）の人口2億4700万人，第2位のフィリピンは人口9700万人，いずれも若く消費意欲も旺盛である。豊富な労働力と豊富な資源を持ち，経済成長を続ける両国では，雇用拡大が進み富裕層，中間所得層も厚みを増している。この巨大な消費市場に対して，日系の家電，外食，小売り，電子商取引などが攻勢をかけている。その中で，楽天が2016年3月までにインドネシアでのマーケットプレイスを閉鎖するというニュース[8)]は，日本最大手企業をもってしてもASEAN市場で生き残ることが難しいという現実を示している。東南アジア特有の商習慣，生活習慣もあることから，市場進出においては地元企業との連携が一層重要になるだろう。

ベトナムは，岐路にたっている。ベトナム投資ブームも一段落し，国内の賃金水準も徐々に上昇してきている。安価な賃金を強みとした労働集約型産業の誘致は，後述の3カ国と競合するようになった。15歳～65歳の生産年齢人口の伸び率は低下傾向に入り，経済成長の追い風となる「人口ボーナス」も期待できない。ベトナムは人口8900万人を有するが，戦争の影響からか国民は南国特有の浪費癖もなく，むしろ堅実であるから，消費市場の爆発的拡大も見込めない。ベトナムの強みとなるのは国民の勤勉性であろう。工場の休憩時間といえば，南国の労働者は賭け事に興じたり，木陰で昼寝をしたりするのが常だが，ベトナムでは本や新聞を読んでいる者が多かったことに筆者は驚いた。消費支出に占める教育費の割合は6%とASEANトップで，タイの3倍以上である[9)]。ベトナム政府は国家予算の20%を教育分野に毎年支出しているとされ，ベトナム政府は教育分野への投資を積極的に行っている。投資法第27条で教育・育成への投資は，投資を奨励・優遇する分野として定められており，日系企業にとっては，ここにビジネスチャンスが広がっている。

進出可能性のあるものとして，日本式の幼稚園や学習塾，ネイル，理美容，看護，介護などの職業訓練校，日本語学校，パソコン教室などがあげられる[10)]。

最後に，ASEAN最後のフロンティアと言われるラオス，ミャンマー，そして①カンボジアについて考えてみよう。英語表記の頭文字からCLMと括られるこの3カ国では，未だに国内インフラが未整備であることに加え，インドシナ半島を縦断，横断する経済回廊建設計画があることから，インフラ関連投資は今後も拡大するだろう。CLMはちょうどタイを取り囲むように存在している。労働賃金は低いため，タイから労働集約的工程を移管し，域内分業体制を構築することでCLM，タイ双方に成長が期待される。このタイプラスワン型といわれるCLMへの投資は，進出コストの面からも中小製造業に適している。ミャンマー，カンボジアは，政治的な理由から中国に近く，中国は直接投資額を増やしており，日系企業が進出した場合には，競合が予想される。

以上のように，ASEANへの進出においては，当該1国の状況だけではなく，周辺国との関係性の中での判断が求められることが分かるだろう。

第2節　ASEANビジネスの懸念材料

1．指摘されているリスク

日本経済，日本企業の今後に大きな影響を与えるASEANであるが，ビジネス上の懸念材料も多くある。まず，経済面では，アメリカの金融政策の影響による資金流失，原油価格の下落，中国経済の減速などがあげられるが，これはASEANに限ったことではない。だが，マクロ経済の運営体制が未成熟の途上国を抱えているため，他国・他地域よりも，影響は大きいだろう。

次に，人件費の上昇の懸念があげられる。製造業における賃金水準は，中国より低い国もあるが，ASEANの賃金上昇率は中国を上回っている。労働者からの圧力で賃金が押し上げられているケース（インドネシア，カンボジア，ベトナム）もあれば，政治的な理由から最低賃金の引き上げが行われるケース（タイ）もある[11)]。経済発展とともに，労働賃金が上昇することは，自然なことであり消費市場の拡大にもつながるのだが，上昇のスピードがあまりに急であれば，企業にとってリスクであり，同時に各国にとっては，いわゆる「中進国の罠」に陥る要因になるだろう。

さらに，日系企業にとってはASEAN内で強まる中国のプレゼンスも脅威である。2003年に中国とASEANは戦略的パートナーシップ協定を締結し，段階的に関税を引き下げ，2010年にはFTAを発効している。その結果，貿易額は2003年から2013年の10年間で約5.7倍に拡大している[12)]（中国はさらに2020年までに中国，ASEAN間の貿易額を倍増させる計画）。

中国からASEANに向けての直接投資も，シンガポール，インドネシア，カンボジアを中心に拡大している。ASEAN各国には華人が多く，華人系金融機関，華人系のコングロマリットも多数存在している。現在はまだ直接投資において，日系企業が質，量ともに凌駕しているが，今後は華人ネットワークを通じて，一気に中国が勢力を拡大するかもしれない。中国は，対ASEAN援助国としても存在感を増している。特に，内陸にあり領海問題を抱えていないCLM3カ国に対しては，資金援助やビル，国際会議場などの建設援助を行い，親中派への取り込みを行っている。その結果，2014年には中国主導のAIIB（アジアインフラ投資銀行）に，ASEAN全10カ国が参加を表明している。今後は，高速鉄道建設などインフラ整備のビックプロジェクトにおいて，中国が日本の強力なライバルとなるだろう。

日系企業は，これまでASEANにおいて優位性を保っていた。しかし，AECをはじめとする取り組みにより，大市場統合，再編が行われる中では，日本の優位性が確保されるとは限らない。むしろ，先行していたがゆえに，いわゆる「イノベーションのジレンマ」のような状態になり，事業環境の変化に対応できない可能性もある。ASEANビジネス上の一番の懸念材料は，実は日系企業自身の問題なのである。

2．政治的リスク

ASEANビジネスについて語るとき，必ず指摘されるのが政治リスクである。政治が安定しない，民主主義が「未発達」であると言われている。この地域では，いわゆる「開発独裁」が続いたため，政治と経済のバランスが悪い。経済的にある程度の成長を遂げた後でも権威主義的な体制が続いている。それでも，経済が順調であるときは，問題が表面化しない。しかし，ひとたび経済が落ち込むと，たちまち情勢不安が生じる。1997年アジア通貨危機以後，インドネシアではスハルト政権が倒れ，タイにおいてはタクシン派の出現により15年間も総選挙とクーデターが繰り返される異常事態が生じている。

だがしかし，発達した民主主義とは何であろうか。いま，世界的にみて，民主主義は3つのレベルで曲がり角にあるという。ASEANに限らず途上国において，選挙が行われたとしても何ら問題解決につながらない「デモクレイジー(Democrazy)」[13]状態が生じている。先進国では権力が分散して政府が重要な決定をできない「ビートクラシー（Vetocracy)」[14]状態になっている。その一方で，権威主義国家が，意思決定上の効率的を発揮し，ロシアや中国など非民主的な国家が台頭しているという。日本を見てみれば，2014年12月の衆院選の投票率は史上最低の52%，有権者の2人に1人が棄権するという冷めきった民主主義である。このような民主主義の揺らぎの中で，ASEANに対して民主主義の「発達」を要求することはできないだろう。各国の治世には，宗教的，文化的，歴史的な道理があって，アジア的な価値といったものも無視できない。

例えば，タイの政治的混乱についてみてみると，この背景には，身分に関する伝統的価値観が関係している[15]。総選挙を行っても，その結果が受け入れられない背景には1人1票の原則への嫌悪がある。今日でも，タイ人は因果応報の思想を基本信念としている。因果応報の思想によって，職業的地位の高低をも前世における積徳の結果であると捉える。したがって，富裕な者（高い徳を持つ者）と，貧民（徳の無い者）とが，人間として同等の価値を持つなどといった考え方は受け入れられるものではない。都市エリート層は，地方農民と「同じ人間」と見なされることを拒否し，その結果「地方の1500万票より，バンコクの30万票を尊重せよ」（タマサート大学ジャーナリズム学部の元学部長，セリ・ワングモンタ氏）という発言が公然と行われるのである[16)]。伝統的価値観，支配の構造を鑑みつつ，人間の価値の格差解消に取り組まなければ，国内融和は前進しないだろう。

第3節　ASEAN 発展へ日本企業の役割―タイを例に

AEC の実施計画の4つの柱のうちの1つが「公平な経済発展」である。域内の経済格差を解消し，均衡ある発展を目指すという。現在，国民1人当たりの GDP は，ASEAN では約3万 9000 ドルであるが，各国ごとにみれば最大のシンガポールで約5万 2000 ドル，最小のカンボジアでは約 1100 ドルという開きがある[17)]。このような，各国間の経済格差はもちろんのこと，国内の格差問題もまた取り組むべき課題である。多くの国がそうであるように，経済発展の過程では，都市と地方の間に成長の差が生じる。また，農村から都会へと大量の人口移動が起こり，都市の中で貧困層が形成されていく。経済の格差は，教育の格差，医療（命）の格差へとつながっていく。ASEAN 域内では，この貧富の格差が深刻化している。

前述のタイの政治的混乱も，都市と地方の格差拡大が引き金となっている。2014 年クーデター以来，軍事暫定政権下で平穏を取り戻したように見えるタイであるが，貧しい地方と，富裕な都市との間の意識の断絶は深刻で，地方の不満は累積しており，国を二分する危機を内包している。

ASEAN において，このような格差問題を是正し，公平な経済発展をもたらすために，では，日系企業は，どのよう貢献ができるだろうか。タイを例に考えてみよう[18)]。

第1には，雇用機会の創出や賃金アップによって，都市と地方，ブルーカラーとホワイトカラーの格差縮小に貢献することができる。特に，都市と地方の格差に関しては，バンコク一極集中を是正するために，東北部，南部への企業進出，ないしは，日本主導のプロジェクトによる工場団地設立などが有効だろう。また，雇用機会に恵まれないイスラム教徒や少数民族出身者に対してのポジティブアクション も，外資系ゆえ差別なく取り組むことができるのではないだろうか。

第2には，社内教育による意識改革である。たとえば，タイでは労働災害が非常に多い。2005年の労働災害発生件数は報告されているだけでも21万件を超え，死亡ないし重度障害を伴う重大事故も1400件を超えている[19)]。だが，実際のところタイでは労働災害に関する統計は十分に整備されていない。低賃金の現場労働者は人間としての価値が低く，そのような人間の命が危険にさらされても，誰も意に介さない。本人たちですら，諦観の中でその状況を容認してしまっているのだ。

当然のことながら，日系企業にとって労働災害は重大事案であって，撲滅にむけて日々取り組みが行われている。そこには，ホワイトカラー，ブルーカラーの区別はない。現場には，「安全第一」，「5S」，「声だし確認よし」といった標語が各所に掲げられている。ヘルメット，ゴーグル，ゴム手袋，安全靴などの防護具も支給されている。どのような末端の作業者であれ，ひとりひとりの作業員の安全は等しく確保されなければならない。

たとえば，バンコク郊外にある家電メーカー，ダイキン工業株式会社の工場敷地内には，安全教育専用の施設があり，各種防具の正しい身に着け方，荷台の運び方，簡単な電極の原理などが，まるでこども科学館のように，実物を展示して体験学習できるようになっていた。自分自身を守る術を学習することが，自分と仕事を大切にすることにつながり，品質向上にも役立つのだという。このような指導は，農村出身で十分な知識のない労働者に対しては特に必要なことである。

日系企業に特有の，毎日の朝礼やラジオ体操は，労働者の心身の健康を確認する上でも効果がある。このような日系企業の地道な努力によって，安全意識は少しずつ浸透している。些細な事故であっても許されないという社内方針の徹底は，エリート層出身のホワイトカラーたちのブルーカラーに対する意識を変化させうるものであるし，ブルーカラーには，諦念ではなく自らを守ることを教えている。

1985年にODAプロジェクトによって設立されたタイ労災リハビリテーションセンターは，日系企業の協力のもと，現在も稼働している。医療リハビリテーションや職業リハビリテーションが併設された，労働災害者の職業復帰を目的とする総合的なリハビリ施設になっている。医療格差も格差問題のひとつであるが，このように，事故に遭ったブルーカラーであってもケアされる場所があるということは，人間の価値の平等を示す事例になっているだろう。

第3に，人材育成による人材高度化があげられる。かつて，「モノづくりはヒトづくり」として，人材育成を十八番としていた日本企業であるが，雇用ビックバン以後は，非正規雇用で即戦力となる労働者を求め，「育てる」というよりも，「使いきる」傾向がある。これに対して，タイでは人材が慢性的に不足しているために，人材高度化のための社内教育に力が注がれている。日本では既に失われてしまった人材育成のメソッドは，海外移転先のタイで保存されていたのである。日系企業各社はいずれも社内教育に工夫を凝らしており，低位の単純作業担当者から，高位のエンジニアに至るまで各層で人材高度化の取り組みがされている。日系企業は，品質マネジメントのISO9000シリーズや環境マネジメントのISO14000シリーズなど，国際規格の取得にも熱心であるが，これらの取得を目指した学習や実践は，ホワイトカラー，ブルーカラーが一丸となって全社的に取り組まなくてはならない。共通目標に向かって共に努力することによって，両者の垣根も低くなり，人材も高度化されていく。確かに，農村出身者の教育水準が低いが，社内教育によって知識を身に着けることができれば，彼らは「すぐにカネに目がくらむ無知蒙昧の輩」ではなくなる。同じ人間として見られることを拒んでいた現地ホワイトカラーの意識も，やがて変わっていくだろう。身分に対する伝統的価値観を変えることには長い時間がかかるが，日系企業の「ヒトづくり」は，格差是正への確かな一歩となる。

ILO（国際労働機関）とアジア開発銀行の共同レポート[20]によれば，AECのもとで実施される貿易政策は，生産の大幅な増加をもたらし，ASEAN6カ国で1400万の仕事が純増するだろうと予測している。その一方で，貿易，運輸，建設など拡大する分野のいくつかは，脆弱な雇用やインフォーマル経済と関連づけられるという。ASEAN市場統合の深化は大きな経済的展望をもつが，これらの成果を繁栄の分かち合いと公平な発展につなげるには，堅固な労働市場機関が必要であると指摘している。ASEAN地域の移民労働者の大半は低・中程度の技能である。だが，AECが規定するヒトの移動は，高技能者に限られている。今後は，未熟練の労働者，不法な移民労働者についても権利や人権が守られる状態にしなければならないし，質の良い基礎訓練の確保が必要であるとしている。最後にこのレポートは，このような一文を記している，「ASEAN地域統合の成否は，統合がどのように労働市場に影響を及ぼし，地域に暮らす人々の生活の質を向上するかにかかっている」。

これまで企業は市場環境に「適応」することが重視されてきた。しかし，日系企業が自らの活路を海外に求め，共に持続的に発展しようとするならば，進出相手国の「社会づくり」に参画する意思を持たなければならないだろう。ASEANの労働市場の形成，人材の育成に対して，イニシアチブをとることが日系企業に求められている。

【注】

1）ASEAN経済共同体の創設に向けた4つの実施計画は，① 単一市場と生産基地，② 競争力のある経済地域，③ 公平な経済，④ グローバル経済への統合である。
2）帝国データバンク2016年「ASEAN進出企業実態調査」による。
3）みずほ総合研究所（2011）。
4）経済産業省，通商白書2009年版の定義による。
5）経済産業省，通称白書2015年版「新興諸国経済の類型化」による。
6）ジェトロ・シンガポール（2015）。
7）The Daily NNA マレーシア版（2014）。
8）朝日新聞2016年2月26日。
9）みずほ総合研究所（2015）。
10）ジェトロ・ハノイ事務所（2015）。
11）みずほ総合研究所（2013）。
12）2013年CEICデータによる。
13）オックスフォード大学のポール・コリア（Paul Collier）教授による造語。
14）Vetoは拒否権の意味。上院，下院のねじれ状態により，法案の否決や大統領拒否権の行使が続き「何も決まらない」というアメリカの政治状況を表す造語。
15）木村有里（2015）。
16）玉田芳史（2014）。
17）外務省アジア大洋州局地域政策課（2016）。
18）木村有里（2015），第5節「国内融和にむけて」を改編。
19）バンコク日本人商工会議所編（2009）。
20）ILO/アジア開発銀行（ADB）共同研究（2014）。

【参考文献】

Tsunemi Watanabe and Pornchai Sumpuwejakul (2002), "A Fundamental Study on Leadership Styles of Construction Site Managers on Public Construction Projects in Thailand," 土木学会建設マネジメント研究論文集，9巻，pp. 227-235.

ILO/アジア開発銀行（ADB）共同研究（2014），「アセアン共同体2015：より良い仕事と繁栄の共有をめざす統合の運営」(http://www.ilo.org/wcmsp5/groups/public/---asia/---ro-bangkok/---ilo-tokyo/documents/publication/wcms_304008.pdf)。
石川幸一・馬田啓一・渡辺頼純 (2014),『TPP 交渉の論点と日本』文眞堂。
FTA ビジネス研究会 (2014),『FTA/EPA でビジネスはどう変わるか』東洋経済新報社。
大木博巳 (2011),『アジアの消費』ジェトロ。
甲斐信好 (2014),「ビッグ・チェンジに向かうタイ：東北タイで体験した二〇一四年クーデター」『海外事情』62 巻，拓殖大学海外事情研究所，47-60 頁。
外務省アジア大洋州局地域政策課 (2016),「目で見る ASEAN—ASEAN 経済統計基礎資料—」(http://www.mofa.go.jp/mofaj/files/000127169.pdf)。
木村有里 (2015),「タイ 2014 年クーデターに関する一考察—タイ社会における人間の価値の問題—」『地域文化研究』第 16 巻。
The Daily NNA マレーシア版 (2014),「日本の中小企業，ハラル市場へ」2014 年 4 月 10 日 (http://www.jhalal.com/wp-content/uploads/NNA-MIHAS-JHA.pdf)。
ジェトロ・シンガポール (2015),「第 4 回在シンガポール日系企業の地域統括機能に関するアンケート調査」(https://www.jetro.go.jp/ext_images/_Reports/01/489c40ecf7414f81/20150110.pdf)。
ジェトロ・ハノイ (2015),「ベトナム教育産業への進出可能性調査」(https://www.jetro.go.jp/ext_images/world/reports/2015/pdf/e50df3d0729b4942/201503_advanceRe_VN.pdf)。
助川成也・高橋俊樹 (2016),『日本企業のアジア FTA 活用戦略』文眞堂。
玉田芳史 (2014),「政治的平等を嫌うタイの民主主義，選挙に反対，軍事クーデター歓迎」『エコノミスト』2014 年 6 月号。
バンコク日本人商工会議所編 (2009),「労働省社会保障事務局労働災害補償基金事務室資料」。
バンコク日本人商工会議所編 (2015),『タイ国経済概況 2014/2015 年版』。
深沢淳一・助川成也 (2014),『ASEAN 大市場統合と日本』文眞堂。
ポール・コリアー著，甘糟智子訳 (2010),『民主主義がアフリカ経済を殺す』日経 BP 社。
みずほ総合研究所 (2011),「中間層を核に拡大する ASEAN 消費市場」『みずほリサーチ』2011 年 1 月号。
みずほ総合研究所 (2012),「アジア動向：タイ・マレーシアの労働市場逼迫の影響～ ASEAN の生産体制再編を促す要因に」『みずほリサーチ』2012 年 9 月号。
みずほ総合研究所 (2013),「アジア動向：最低賃金引き上げが続く ASEAN ～低コストを求める企業にとり，無視できないリスクに」『みずほリサーチ』2013 年 1 月号。
みずほ総合研究所 (2014),「中国の対 ASEAN アプローチ」『みずほレポート』2014 年 8 月号。
みずほ総合研究所 (2015),『図解 ASEAN を読み解く』東洋経済新報社。

(木村有里)

第16章
TPP関連国内対策：日米比較を通じた中間評価

はじめに

2015年10月5日の環太平洋パートナーシップ協定（Trans-Pacific Partnership Agreement；TPP協定）の大筋合意を受け，日本ではただちにTPP総合対策本部が設置され，TPP協定の実施を経済再生・地方創生に直結させるための基本目標が提示された[1)]。この基本目標は「TPP活用促進による市場開拓」，「TPPを通じた生産性向上・産業活性化・成長促進」，及び「TPPをめぐる不安払拭および農業の体質強化」という3つの柱で構成されており，同年11月25日，これら目標を達成するための「総合的なTPP関連政策大綱」が発表された[2)]。この政策大綱を実施するための予算措置の第一段としては，2016年1月20日にTPP対策3403億円（うち農業関連3122億円，TPP活用促進関連等280億円）を含む補正予算が成立したところである[3)]。

本章では，便宜的に，自由貿易協定（Free Trade Agreement：FTA）締結に際しての「国内対策」を「攻めの対策」と「守りの対策」に分類して議論を進める。「攻めの対策」とは，FTA締結時に企業や農家が享受する経済的利益を拡大させるための政策パッケージのことである。具体的には，FTAの経営戦略上の利用価値（たとえば節税や市場拡大）を広く啓蒙するためのプログラム，FTA特恵関税制度の利用を支援するプログラム，あるいはFTA締結相手国の市場開拓を支援するプログラムなどが含まれる[4)]。こうした「攻めの対策」を通じてFTAの受益者層を拡大しておくことは，単にFTAの経済的利益を最大化するという観点のみならず，貿易自由化交渉や地域統合の推進に対する将来のサポーター拡大につながるという観点からも戦略的に重要な意味合いを持つ[5)]。日本における過去の取り組みとは異なり，今回のTPP関連政策大綱ではこうした「攻めの対策」にも一定のウェイトが置かれているという点は強調しておきたい。

一方の「守りの対策」とは，FTA 締結にまつわる不安や懸念の緩和・解消を目指した政策パッケージのことである。FTA 締結にまつわる懸念には，「経済的」なものと，「非経済的」なものが存在する。本章で議論する「経済的懸念」とは，FTA 締結に伴う自由化や制度変更の結果として経済主体が直面し得る所得減少，失業，倒産等に対する懸念である。こうした経済的な損失およびその恐れを緩和するための対策は，経済主体が新たな競争環境に適合するために必要な産業間・産業内の各種調整支援プログラムの提供（例えば雇用再訓練等），および直接的な所得補償プログラムの２種類に大別することができる。TPP 関連政策大綱においても，農業の体質強化や経営安定化を目的とする多様なプログラムが用意されている。

他方，「非経済的懸念」としては，たとえば FTA 締結の結果として食の安全性が犠牲になるのではないか，国民皆保険制度が維持できなくなるのではないか，ISDS（投資家対国家の紛争解決）条項により国の主権が損なわれるのではないか，あるいは地域コミュニティが崩壊するのではないか，といった懸念があげられる。これらの懸念には一部憶測やデマに基づくものも含まれていることから，ルールの実態やその影響について正確な情報をタイムリーに発信することが重要な対策となる。TPP 関連政策大綱においても，「TPP について国民に対する正確かつ丁寧な説明・情報発信に努め，TPP の影響に関する国民の不安・懸念を払拭することに万全を期す」ことが明記されている[6)]。

以上をふまえ，本章では TPP の締結を念頭におきつつ，FTA 締結後の望ましい国内対策のあり方について検討を試みる。ただし，発表されたばかりの TPP 関連国内対策の各種プログラムの妥当性や効果につき評価を行うことは困難である。したがって，当中間報告書においては，主として守りの国内対策に焦点をあてつつ，米国における貿易自由化後の国内対策の支援対象，資格審査プロセス，支援内容など制度の根幹部分の特性を整理し，日本における国内対策と可能な範囲で比較を試みる。

第1節　なぜ国内対策は必要なのか：必要性およびそれに対する批判

世界貿易機関（World Trade Organization：WTO）やFTAの交渉の結果，ある国が追加的に貿易を自由化したとしよう。その際，自由化の結果として所得減少，失業，倒産などに直面する（またはその恐れのある）経済主体を政府は積極的に救済すべきなのか？その正統性とはいかなるものなのか？以下では，貿易自由化後の国内対策を実施することの必要性をめぐる既存の主張について整理を行う[7)]。

第1に，救済措置は「構造調整を促進する可能性がある」という主張が存在する。救済措置のなかに労働や資本を衰退産業からその他の産業に円滑に移動させるような構造調整支援策が含まれていれば，一国経済の潜在的な生産能力の拡大に貢献するし，生産要素市場に「市場の失敗」が生じているのであればなおさら政府の介入が必要である，との主張である。後述のとおり，米国の国内対策では再雇用訓練等をつうじて労働者を他産業に移動させるための取り組みがなされている。他方，日本の国内対策においては，産業間の構造調整を促進するというよりは，特定産業における経営安定化や特定産品の競争力向上を目指した産業政策または農業政策的な色彩が強い。

第2に，救済措置は「所得再分配政策あるいは社会正義の観点から必要である」，という主張が存在する。なかには「政府の政策変更により生じた損失なのだから，政府が補償して当然である」との指摘もある。日米の国内対策のなかには，程度の差はあれ，「所得補償」的な色彩をもつ支援が含まれている。こうした主張に対しては，「救済に際しては，失業保険や雇用訓練など，すでに存在する一般的なセーフティネットの枠組みを利用可能であり，追加的な国内対策は必要ない」，「他の分野の政策変更の結果として経済的損失を被った主体は救済されないなか，貿易自由化により損失を被った主体だけが優遇されるのは公平ではない」といった批判が存在する。また，過度に手厚い所得補償を提供すると，結果的に多くの生産要素を衰退産業に留め，むしろ構造調整を遅らせてしまうというリスクもあろう。

第3に，「救済措置の存在自体が貿易自由化を政治的に容易にする効果を持つ」との主張が存在する。自由化の結果として有権者が経済的損失を被った場合に一定の補償を与えることにつき政府が事前にコミットしておけば，貿易自由化交渉に対する政治的反発は緩和され，結果的に高い水準の貿易自由化を実現しやすくなる，そして国内対策の実施コストは，貿易自由化が実現しない場合に国全体として被る機会損失と比較すれば小さい，との主張である。

国内対策の必要性を擁護する主張としては以上の3つに大別されるが，無論，国内対策が必要であることについてコンセンサスが得られたからといって，対策の実施のために税金や行政資源を無秩序に使って良いということにはならない。守りの国内対策の制度設計にあたっては，支援の対象，資格審査のプロセス，支援の内容・方法・規模の妥当性についても慎重に検討されなければならない。以上の議論を踏まえ，次項では世界で初めて貿易自由化後の「守りの国内対策」を制度化し，今もなお運用し続けている米国の制度実態について整理を行う。

第2節　米国における労働者向け国内対策

米国内では貿易自由化後の「守りの国内対策」として貿易調整支援プログラム（Trade Adjustment Assistance：TAA）と呼ばれる政策パッケージが制度化されている。プログラムとしては労働者向け，企業向け，農家向けの三種類が存在しているが，最も歴史が古く，最も予算規模が大きいものは労働者向けのプログラムである。これは貿易自由化等により経済的損害を受けた（またはその恐れのある）労働者限定の支援策であり，その歴史はGATTケネディ・ラウンド開始時の1962年にまで遡ることができる。支援の内容は職業訓練，職業紹介，就業時引越手当等の形態をとる調整支援，および失業手当の延長等の形態をとる所得補償の二本柱で構成されており，2014年の予算規模は約6億ドル（約660億円），新規支援対象労働者は約7万人であった[8)]。支援の対象，規模，内容，受給要件は時代の要請に応じて変容を遂げてきており，例えば，現在は貿易自由化のみならず，生産拠点の海外移転やアウトソーシングの進展の結果として職を失った労働者，あるいは製造業のみならずサービス部門で職を失った労働者なども支援の対象とされている[9]。

1．根拠法

TAAの制度改正は，これまで約20回にわたる時限立法の積み重ねを通じて行われてきている。最新のTAAの根拠法は2015年貿易調整支援授権法（Trade Adjustment Assistance Reauthorization Act of 2015）であるが，同法も2021年6月末までの時限立法となっている。具体的には，仮に後継となる新たなTAA法案が期限までに制定されない場合，2015年TAA法で規定された支援措置は2022年以降，徐々にフェーズアウトされるよう，サンセット条項が埋め込まれている。また前述のとおり，米国ではTAA法案が貿易促進権限（TPA）法案とセットで審議されることが多い。貿易交渉それ自体の目的や内容に関する議論と国内対策に関する議論を早期から同じ土俵のうえで行うことにより，国内的には貿易自由化をめぐる世論の懸念拡大を抑えること，対外的には攻めと守りの間でバランスのとれた貿易交渉を行うことが目指されている。

2．支援対象

労働者向けTAAの支援対象は，以下の理由により離職した（またはその恐れのある）労働者グループである。第1に，輸入競争圧力の結果として売上や生産が減少した企業の労働者グループ。これは最も伝統的な支援対象である。第2に，生産拠点の海外移転やアウトソーシングを行った企業の労働者グループ。第3に，第1・第2の理由でTAA対象企業（TAA-Certified Firms）として認定された企業の「サプライヤー企業」または「下請企業」の労働者グループ。そして第四に，その他米国国際貿易委員会（International Trade Commission：ITC）により損害が認定された企業の労働者グループである。いずれの場合も，支援セクターは製造業に限定されておらず，サービス産業も対象となり得る。

3．支援の体制と資格審査プロセス

各種施策の実施は，労働省と州政府が協力して行っている。労働省（およびその地方組織）は労働者グループからの申請の受理と審査，予算配分，受給者の監督などを，州政府は給付金や訓練の提供，労働省への各種報告業務などを担当している。具体的な申請の流れは以下のとおりである。まず，輸入急増等により影響を受けた労働者グループまたは組合等が労働省に申請を行う。その後，労働省は輸入急増等と当該離職との間の因果関係を調査，因果関係「あり」と認定された場合のみ当該労働者グループの構成員は各種支援の対象となる。因果関係が認められなかった場合，労働者グループは労働省に対して行政再審査を請求することが可能となっているほか，再審査で却下された場合には連邦国際貿易裁判所における司法審査を請求することができる。

4．支援内容

前述のとおり，労働者向けTAAは調整支援と所得補償の二本柱で構成されている。調整支援は「再就職支援サービス（Reemployment Services)」と呼ばれ，個別相談，再就職のための訓練支援（平均参加期間は585日），職業紹介サービス，および他地域で就職活動を行う労働者向けの求職給付金および再就職時の引越費用補助などが提供されている。なお，再就職のための訓練にかかる費用は労働者への現金給付ではなく，訓練終了後に州政府が訓練主体（民間または公的機関）に対して直接支払うことになっている。

所得補償のなかで最も代表的なプログラムは「貿易再調整手当（Trade Readjustment Allowance)」である。これは一般的な失業保険が失効し，かつ職業訓練に参加した労働者に対する所得補償であり，執行直前に支払われていた失業保険と同等の金額が（失業保険とあわせて）最大130週にわたり支給される。このほか，再就職後に年収が以前よりも減少してしまった場合に所得低下分の半分が補填される「再雇用貿易調整支援（Reemployment Trade Adjustment Assistance)」（ただし貿易再調整手当との重複は不可，50歳以上の労働者限定）および医療保険料の72.5％相当の税額控除を受けられる「医療保険税額控除（Health Coverage Tax Credit)」が提供されている。

第3節　米国における農家向け国内対策

次に，日本が実施している「守りの国内対策」と比較を行うため，米国における農家向けTAA（Trade Adjustment Assistance for Farmers）の最新の制度実態について整理を行う[10)]。

1．導入の背景

農家向けTAAは，輸入急増により損害を被った農業および漁業従事者を支援するための政策パッケージであり，プログラムは技術支援と金銭的支援の二本柱で構成されている。50年以上の歴史を有する労働者向けTAAとは対照的に，農家向けTAAが導入されたのは15年前の2002年である。導入の背景としては，第1に，既存の労働者向けTAAは自らが経営主体でもある多くの農家にとって使い勝手の悪い制度であったこと，第2に，労働者向けTAAは（他産業への再就職ではなく）同一産業内での競争力回復を試みる農家にとって使い勝手が良くなかったこと，そして第3に，NAFTA締結後，伝統的な国内助成金の対象となっていない品目の生産者（野菜や果物など）が最も輸入急増の被害を受けたことなどが挙げられる。2015年の予算規模は約9000万ドル（約100億円）であり，労働者向けTAAの規模と比較しても小規模なものに留まっている。これまでに，アボカド，じゃが芋，ブルーベリー，エビ，サーモン，ロブスター，アスパラガスの生産者などが支援の対象となっている。

2．支援対象，支援体制，審査プロセス

農家向けTAAの支援対象は輸入競争により悪影響を被った品目の生産者であり，この「生産者」の概念には農業経営者，小作人（sharecropper），農地の地主または借地人，および漁業従事者が含まれる。所管官庁は農務省であり，支援対象品目の認定は海外農業局（Foreign Agricultural Service）が，支援対象農家の認定および資金提供は農家サービス局（Farm Service

Agency）が，技術支援は国立食品農業研究所（National Institute for Food and Agriculture）が担当している。

審査のプロセスでは以下のとおり「品目」に関する審査と「生産者」に関する審査の二段階方式が採用されている。まず，TAA プログラムの支援を受けたい特定品目の生産者グループが農務省に対して申請を行う。申請を受理した農務省は，当該品目の輸入増加の有無（過去3年の平均と申請時の比較），国内平均価格，生産量，生産額，または現金収入の15%以上の下落の有無，そして両者の間の因果関係（重要な貢献；contributed importantly）の有無を審査し，申請から40日以内に当該「品目」が支援対象の要件を満たしているか否かに関する決定を行う[11)]。「品目」が認定された場合，次に，当該品目を生産する個別生産者が90日以内に支援の申請を行う。その際には，当該品目の生産実績があること，当該生産者が実際に生産量の減少または単価の低下に直面した事実があること，そして労働者向け TAA の受給者ではないことを証明する必要がある。

3．支援内容

農家向け TAA の対象となった生産者は，まず技術支援（Technical Assistance）を受けることとなる。具体的には，収穫量，生産性，あるいはマーケティング力を改善・向上するための指導，あるいは転作指導などが行われるほか，こうした技術支援を受ける間の諸経費（交通費等）も支援される。さらに規模の大きな金銭的支援を受けることができる生産者は，前記の技術支援を受けた生産者のうち，当該技術支援の成果を活かした新たなビジネスプランを企画・実行する意思と能力のある生産者に限定される。特定の業界団体や地方自治体ではなく，個別の生産者が新たなビジネスプランの有効性を自ら立証する責任を負っている点が，アメリカにおける農家向け TAA の1つの特徴ともいえよう。

新たなビジネスプランの有効性が承認された農家には，第一段階として，4000ドルを上限とする金銭的支援を受け取ることができる。さらに，第一段階のプランを完了した農家のうち，より長期的なプランを立案し，その実現可能性と有効性に関する認定を受けた場合，追加で8000ドルを上限とする金銭的支援を受けることができる。両者を合計すると資金支援の上限は農家あたり合計1万2000ドルであり，期限は3年以内とされている。

第4節　国内対策をめぐる日米比較と日本への示唆

以下では，これまで整理してきた米国における国内対策の制度実態，および過去のウルグアイ・ラウンド国内対策の内容およびTPP関連対策のなかで示された「守りの国内対策」を念頭におきながら，両国における国内対策の本質的な違い，および日本が米国の経験から学ぶべきいくかの点について指摘を行いたい。

1．国内対策をめぐるオープンな議論開始のタイミング

前述のとおり，米国においてはTAA法案が貿易促進権限（TPA）法案とセットで審議されることが多い。このことは，FTA交渉において大きな交渉力と成果を享受するうえで極めて重要な役割を果たしている可能性がある。なぜならば，貿易自由化の結果として損害を被る主体の経済的懸念を緩和するための措置の実施について事前に政府がコミットすることで，自国側の貿易自由化に対する漠然とした懸念や政治的反発を必要以上に拡大させることを防止することが可能となる。そして自国の貿易自由化を実現しやすい政治的環境が整備されるということは，その分，交渉時に相手国に対して高い水準の自由化を要求する交渉力が生まれ，結果的に高い水準の貿易自由化が実現する可能性が高まる。

他方，これまで日本では，FTA交渉と同時並行的に国内対策のあり方をめぐる検討が公の場で開始されることはなかった。政府が交渉の終了時まで国内対策の実施，規模，中身についてコミットしないということは，貿易自由化をめぐる経済的懸念や政治的反発を半ば放置したまま自由化交渉を進めることになり，自国の自由化水準も，相手国に対する交渉力も，両方とも中途半端になるリスクがあろう。

2．国内対策実施の制度的枠組み

米国では，TAA プログラムを通じて，グローバル化の進展により損失を被った経済主体を支援するための「制度的な枠組み」が整備されている。TAA の支援対象は「農業」という特定部門に限定されず，製造業，サービス業における従事者もカバーされている。その枠組においては，50 年という歳月を経て，国内産業の被害や輸入急増との間の因果関係の認定方法，行政・司法に対する再審査請求プロセス，労働者や農家レベルの受給条件と審査手続き，そしてプログラムの内容に至るまで全てが体系的に制度化されている。提供されているプログラムの種類は少ないが，その分，特定地域や特定品目に対する支援のあり方をめぐり政治家が選挙目当てで介入すること，あるいは業界団体がレントシーキングを行うことの余地は限定されている。さらに，米国の労働者向け TAA は，再雇用訓練等を通じて積極的に産業間の構造調整の促進も目指されていることが特徴的である。

他方，日本においては米国のような産業横断的かつ制度化された「守りの国内対策」は存在していない。むしろ，ウルグアイ・ラウンド国内対策や TPP 関連政策大綱においては，貿易交渉の終了とともに当該貿易協定に特化した対策が急ピッチで議論・策定され，予算が確保され，実施されるという形で対応されてきた。また，「TPP 関連対策」と呼ばれる施策の種類が米国との比較において極めて多く，多岐にわたっていることも特徴的である。また，守りの国内対策は農業の一部品目に偏っており，その他の産業に従事する経済主体に対する支援は比較的手薄となっているほか，産業間の構造調整を促進するための支援策も行われていない。

3．支援対象のレベル

米国における国内対策の支援対象は労働者，農家，そして企業というミクロレベルの主体であり，なかでも労働者向けの支援策がもっとも重視されている。農家に対する支援も，農村単位，産業単位の支援策は行われておらず，産業全体としての被害が認定されても，次に個別の農家単位で受給資格の審査が行われているのが特徴的である。加えて，農家向けの TAA では，所得補償を受ける際に，事前に技術支援を受けること，そして自らが受けた技術支援の成果を新たなビジネスプランの中でどのように活かすのかを説明すること条件とされている点も特徴的である。

日本における国内対策の支援対象のなかには，（予め指定された）特定品目を生産する農家に加え，農村（漁村），農業（水産業）といった広範囲の概念が多数登場する。またウルグアイ・ラウンド対策の際にも，今回のTPP関連対策においても，対策費の相当の割合が公共事業に配分されているのも日本の国内対策の特徴といえよう。こうした地域政策あるいはインフラ整備事業の必要性を全面的に否定するものではないが，それらを「貿易自由化に伴う国内対策」として位置づけ，予算化することの妥当性については慎重に評価しなければならない。

4．損害の有無と支援の関連づけ

米国においては，労働者向けTAAにおいても，農家向けTAAにおいても，輸入急増，損害，そして両者の間の因果関係の3点が確認された品目および経済主体に限定して支援が行われている。前述のとおり，2014年には新規に7万人弱の労働者がTAAの支援対象として認定されたが，同時に約3万人の労働者の申請が却下されている。

日本の国内対策においては，輸入の増加，損害の有無，そして両者の因果関係を調査するプロセスは存在しておらず，支援の有無と救済対象の損害の程度は必ずしもリンクしていない。それどころか，聖域5品目に代表されるように，実際はFTA交渉において必ずしも実質的な自由化を行っていないにもかかわらず，国内対策が提供されている品目も散見される。本来，国内対策の目的は，自由化に伴う損害を補償することや，自由化後の新たな市場環境の下で自立できるように経済主体を支援することである。そもそも自由化を行っていない品目の生産者に対して支援を行うのであれば，それは補償ではなく，TPP国内対策という名のもとで実施されている単なる「保護の上乗せ」あるいは「所得移転」と言わざるをえないであろう。

おわりに

TPP 交渉の結果，日本はタリフライン・ベースで農産品の 8 割以上を自由化することとなった。これは従来の日本の FTA との比較において極めて高い水準の自由化率であるが，米国，豪州，あるいは韓国など他の先進国が締結した FTA と比較すると必ずしも高い自由化水準とはいえない。とりわけ聖域 5 品目（コメ，麦類，乳製品，砂糖，牛肉・豚肉）については，安倍首相の強いリーダーシップの存在および米国からの強い自由化圧力（外圧）の存在にもかかわらず，結局多くのタリフラインが自由化の例外扱いとされた。

この原因を突き詰めていくと，日本では貿易交渉の早い段階で自由化に伴う経済的な懸念や不安を解決するための政治的な装置が不足している，という問題にたどり着く。米国では，TAA という国内対策を貿易自由化実現の積極的な手段として位置づけているとともに，50 年という歳月をかけ，そうした対策の対象品目，対象地域，規模などをめぐり政治家や利益団体が過度に介入する余地を抑制しつつ，行政手続により粛々と節度ある支援を行うための制度を築き上げてきた。日本においても，貿易交渉の際に必然的に生ずる経済的な懸念を解決するための政治的装置の導入に向けて，そして節度と有効性についてバランスの取れた国内対策の実施に向けて，米国の TAA の経験から多くの点を学ぶべきであろう。

【注】

1）「環太平洋パートナーシップ（TPP）協定交渉の大筋合意を踏まえた総合的な政策対応に関する基本方針（案）」TPP 総合対策本部，平成 27 年 10 月 9 日（http://www.cas.go.jp/jp/tpp/pdf/2015/11/151009_sougoukaigou01_siryou2.pdf，2016 年 1 月 8 日アクセス）。
2）「総合的な TPP 関連政策大綱」TPP 総合対策本部，平成 27 年 11 月 25 日（http://www.kantei.go.jp/jp/topics/2015/tpp/20151125_tpp_seisakutaikou01.pdf，2016 年 1 月 8 日アクセス）。
3）「平成 27 年度補正予算の概要」財務省（https://www.mof.go.jp/budget/budger_workflow/budget/fy2015/sy271218/hosei271218d.pdf，2016 年 1 月 8 日アクセス）。
4）宋俊憲・久野新（2015），「韓国における企業向け FTA 利用促進政策の現状と日本への示唆」『ERINA REPORT』No. 126，2015 年 10 月，環日本海経済研究所，10–18 頁。
5）Kuno, Arata（2015），“Beyond TPP negotiation: policy proposals for promoting FTA

utilization," *Social Science Japan*, 2015, March Vol. 52, Institute of Social Science, University of Tokyo, pp. 25–27.

6）「総合的なTPP関連政策大綱」10頁。

7）久野新（2013a),「TPP締結後の補償・調整支援措置をめぐる考察：日本版貿易調整支援（TAA）導入の意義と課題（1）」『貿易と関税』61：10, 日本関税協会, 27–32頁；久野新（2013b),「TPP締結後の補償・調整支援措置をめぐる考察：日本版貿易調整支援（TAA）導入の意義と課題（2）」『貿易と関税』61：11, 日本関税協会, 59–67頁；久野新（2004),「セーフガードと貿易調整支援政策の補完可能性—構造調整促進の観点から—」荒木一応・川瀬剛志編『WTO体制とセーフガード制度（RIETI経済政策分析シリーズ）』東洋経済新報社, 183–212頁。

8）Collins, Benjamin（2015),"Trade Adjustment Assistance for Workers and the TAA Reauthorization Act of 2015," *CRS Report*, August 18, 2015, Congressional Research Service.

9）労働者向けTAAの制度実態については前掲Benjamin（2015）および以下の米国労働省雇用訓練局のホームページを参照した。Employment and Training Administration, United States Department of Labor（https://www.doleta.gov/tradeact/, accessed on February 28, 2016）

10）農家向けTAAの制度実態については以下を参照した。McMinimy, Mark A.（2015),"Trade Adjustment Assistance for Farmers," *CRS Report*, July 9, 2015, Congressional Research Service；Foreign Agricultural Service, United States Department of Agriculture（https://taaforfarmers.org/TAAoverview.aspx, accessed on February 28, 2016）

11）国内の被害基準は2008年まで20%という閾値であったが，TAAの利用を促進するために2009年より15%に緩和された。

（久野　新）

索　引

[数字・アルファベット]

[ア行]

[カ行]

[サ行]

［タ行］

［ナ行］

［ハ行］

［マ行］

［ヤ行］

［ラ行］

［ワ行］

執筆者紹介

編著者（五十音順）

馬田　啓一	杏林大学名誉教授	第12章
小野田欣也	杏林大学総合政策学部教授	第 6 章
西　　　孝	杏林大学総合政策学部教授	第 1 章

著者（執筆順）

小田　信之	杏林大学総合政策学部教授	第 2 章
川村　真理	杏林大学総合政策学部准教授	第 3 章
知原　信良	杏林大学総合政策学部教授	第 4 章
斉藤　　崇	杏林大学総合政策学部准教授	第 5 章
北島　　勉	杏林大学総合政策学部教授	第 7 章
劉　　　迪	杏林大学総合政策学部教授	第 8 章
渡辺　　剛	杏林大学総合政策学部准教授	第 9 章
島村　直幸	杏林大学総合政策学部専任講師	第10章
三浦　秀之	杏林大学総合政策学部専任講師	第11章
岡村　　裕	杏林大学総合政策学部准教授	第13章
内藤　高雄	杏林大学総合政策学部教授	第14章
木村　有里	杏林大学総合政策学部准教授	第15章
久野　　新	杏林大学総合政策学部准教授	第16章

グローバル・エコノミーの論点
──世界経済の変化を読む──

2017年2月28日　第1版第1刷発行

検印省略

編著者　馬田啓一
小野田欣也
西孝

発行者　前野隆

発行所　株式会社　文眞堂
東京都新宿区早稲田鶴巻町533
電話 03(3202)8480
FAX 03(3203)2638
http://www.bunshin-do.co.jp/
〒162-0041 振替00120-2-96437

印刷・モリモト印刷／製本・イマヰ製本所

定価はカバー裏に表示してあります
ISBN978-4-8309-4931-9　C3033

〈好評既刊〉

焦眉の諸問題の現状と課題を学際的に考察！

国際関係の論点

──グローバル・ガバナンスの視点から──

馬田啓一・小野田欣也・西 孝 編著

ISBN978-4-8309-4857-2／C3033／A5判／220頁／定価2800円＋税

大きく変容する戦後の国際秩序，その先行きには暗雲が漂う。一国の統治だけでは解決できない多くの厄介な問題に直面する世界。利害の対立で綻びが目立つ国際協調の枠組み。グローバル・ガバナンスの意義が問われている。焦眉の国際関係の諸問題にどう対応していくべきか，現状と課題を学際的に考察。

【主要目次】